CYNTHIA BARCOMI

BARCOMI'S

Backschule

CYNTHIA BARCOMI

BARCOMI'S Backschule

Schritt für Schritt

vom Grundteig zur eigenen Kreation

FOTOGRAFIE: NICOLA WALSH

DK

Inhalt

Meine lieben Leserinnen und Leser,

Ihr Erfolg beim Backen ist immer mein oberstes Ziel. Zeit und Erfahrung haben mir ein tieferes Verständnis vom Backen gegeben –, was ich gern in meinem neuen Buch mit Ihnen teilen möchte.

Viel Energie und Gedanken sind in dieses Buch geflossen, um Sie so viel wie möglich zu lehren und Sie zu inspirieren. Von Seite zu Seite und von Rezept zu Rezept möchte ich Sie begeistern! Meine Backwelt besteht aus (Back-)Bausteinen. Für mich liegt der Spaß beim Backen darin, die Punkte zwischen ähnlichen Gebäckarten zu verbinden, um mein Verständnis für jedes von ihnen zu vertiefen. Diese Verbindung aufzubauen ist das Fundament des Backens – und auch der Schlüssel zum erfolgreichen Backen.
Jeder weiß, dass es kein Zufall ist, gut zu backen!
In **Barcomi's Backschule** zeige ich Ihnen Schritt für Schritt die wichtigsten Prozesse und gebe all mein Wissen an Sie weiter. So wie die Regeln für ein Spiel, basiert auch erfolgreiches Backen auf Wissen und dem Befolgen von bestimmten Richtlinien. Wenn Sie einen Grundteig erlernen und seine wichtigsten Bestandteile begreifen, können Sie dieses Wissen auf ähnliche Rezepte übertragen. So lernen Sie, einen Baustein nach dem anderen umzusetzen – und jeden einzelnen zu schätzen!
In **Barcomi's Backschule** habe ich die Rezepte nach den Gebäckfamilien und Teigen gruppiert, um es Ihnen zu erleichtern, die wichtigsten Bestandteile und Prinzipien eines Themas zu verstehen und um die Punkte zu verbinden. Oft braucht es Zeit, Geduld und etwas Übung, um einen Baustein vollständig zu beherrschen und zu schätzen. Je mehr Sie backen, desto besser werden Sie die einzelnen Bausteine verstehen. Denn Wissen ist bekanntlich Macht!
Und es sei gesagt: Backen ist wie ein Autogramm. Wenn Sie fünf Personen genau die gleichen Zutaten und das gleiche Rezept geben, um in der gleichen Küche zu backen, werden ihre Ergebnisse immer ein bisschen anders ausfallen. Das macht das Backen einzigartig! Denn das, was Sie backen, wird immer Ihre Unterschrift tragen. Diese Idee einer persönlichen Unterschrift hat mich dazu inspiriert, am Ende des Buches ein »Create-your-own«-Kapitel aufzunehmen und auch zwischendrin immer wieder Hinweise zu geben, wie Sie Ihre eigene Note einbringen können. Verwenden Sie verschiedene Teige, Füllungen und Frostings als Bausteine, um Ihr eigenes Meisterstück zu kreieren. Beginnen Sie beispielsweise mit einem hellen Grundteig wie einem Genoise. Wählen Sie dann eine Lieblingsfüllung aus – ob leicht und fruchtig oder dekadent und schokoladig. Wenn Sie etwas mehr Zeit haben, ummanteln Sie Ihre Kreation mit einer klassischen Buttercreme. Wenn Sie es eilig haben, toppen Sie Ihren Kuchen mit einem simplen Schokoladen-Frosting. Sie entscheiden – auf dem Weg jedes einzelnen Backbausteins bis hin zu Ihrem eigenen Meisterstück.
Lassen Sie sich hier von meinen Vorschlägen führen und inspirieren. Seien Sie mutig und probieren Sie neue Kombinationen aus! Und denken Sie daran: Der Weg ist das Ziel. Genießen Sie den Prozess.
Ich liebe es zu backen und hoffe, dass meine Begeisterung und mein Wissen auch Sie zu begeisterten Bäckern und Bäckerinnen machen. Es geht um Zeit, Energie, Liebe und ganz besonders um das Teilen. Denn man backt, um das Ergebnis mit Familie, Freunden und Kollegen zu teilen – oder den ganz besonderen Menschen in Ihrem Leben zu beeindrucken. Legen Sie los, haben Sie Spaß und genießen Sie mein neues Buch!

xxx
Cynthia

Wissen ist Macht!
Lernen Sie Ihre Arbeitsmittel kennen

Erfolgreich Backen bedeutet nicht nur dem Rezept zu folgen, sondern auch zu verstehen, welche Bestandteile es umfasst, z. B. die Zutaten oder die Backform. Jede einzelne von ihnen spielt eine spezifische Rolle in einem Rezept. Das Zusammenspiel zwischen den einzelnen Zutaten gibt einem Rezept Geschmack, Textur und sogar Farbe.

Ihr wichtigstes Arbeitsmittel sind die Zutaten – und dabei kommt es auf die richtige Auswahl, Temperatur und Vorbereitung an. Die Temperatur einer Zutat verleiht dem Gebäck seine endgültige Textur – wie die kalte Butter dem Mürbeteig oder die warmen Eier dem Sponge-Cake. Seien Sie sich bewusst: Der Prozess des Backens verändert die Zutaten. Wenn ein Rezept fordert, dass eine Zutat grob gehackt wird, dann hat dies einen speziellen Grund. Fein gehackt würde diese Zutat unbemerkt im Teig untergehen und im fertigen Gebäck nicht mehr auffallen. Aus diesen Gründen ist es oft nicht einfach, Zutaten zu ersetzen und ein gleiches Ergebnis zu erwarten. Zum Beispiel ist Vollkornmehl schwerer als normales Mehl, und Honig ist nicht so backstabil wie Zucker. Die Form und Größe der Backform ist auch Bestandteil des Rezepts. Wenn Sie nicht die erforderliche Backform besitzen, dann haben Sie mehrere Möglichkeiten: Sie rechnen das Rezept entsprechend Ihrer Backform um; Sie wählen ein Rezept aus, zu dem Sie die passende Backform haben; oder Sie wählen ein Rezept, das keine Backform benötigt. Seien Sie sich der Tragweite der Zutaten und Backutensilien für jedes Rezept bewusst – und Sie werden erfolgreich in der Backstube sein!

Wichtige Zutaten

Stellen Sie sich selbst als Maler vor – die Zutaten sind Ihre Pigmente, meine Rezepte sind Ihre Vorlage wie beim Malen-nach-Zahlen. Eines vorab: Verwenden Sie immer Zutaten, die frisch und hochwertig sind, das versteht sich von selbst. Und für bestimmte Zutaten habe ich ein paar Tipps für Sie.

EIER

Sofern nicht anders angegeben, verwende ich immer Eier der Gewichtsklasse M. Ob ein Ei noch frisch ist, können Sie ganz einfach testen: Ein frisches Ei wird sinken, wenn Sie es ins Wasser legen. Ein schlechtes Ei wird an die Oberfläche hochtreiben. Eier sind leichter zu trennen, wenn sie gekühlt sind. Sie sollten aber Zimmertemperatur haben, wenn sie aufgeschlagen werden sollen – so erreichen sie das beste Volumen. Wenn Sie Eiweiß schlagen, wischen Sie zuvor das Innere Ihrer Schüssel und alle Utensilien großzügig mit Essig (oder Zitronensaft) und Salz aus (s. S. 66).

FETTE UND ÖLE

Für einen geschmeidigen Teig ist Fett unerlässlich. Meist verwende ich ungesalzene **Butter,** aber manchmal kommen auch neutral schmeckende **Pflanzenöle** zum Einsatz wie Raps- oder Sonnenblumenöl. Wenn ich **Schmalz** verwende, ist damit Schweineschmalz gemeint. Schmalz verleiht zum Beispiel dem Pieteig eine wunderbare, blättrige Textur. Sie können statt Schmalz auch Pflanzenfett wie Biskin® nehmen.

MEHL

Sofern nicht anders angegeben, verwende ich Weizenmehl Type 405. Beim Backen eines Kuchens kombiniere ich es oft mit etwas Speisestärke (Mais-, Reis- oder Kartoffelstärke), um dem Kuchen eine leichtere und feinere Textur zu geben. Für Brot verwende ich oft ein 550er-Mehl. Es enthält mehr Gluten und gibt dem Brot mehr Struktur und eine bessere Textur. Sie können bis zu 30 Prozent des normalen Mehls durch Vollkornmehl ersetzen, aber seien Sie sich bewusst, dass es das Gebäck etwas schwerer und weniger luftig machen kann. Vollkornmehle, einschließlich aller Arten von Roggenmehl, enthalten weniger Gluten, sodass Ihr Brot lecker ist, aber eine kompaktere Textur haben kann.

NÜSSE

Um ihren Geschmack herauszulocken, rösten Sie Nüsse ohne Öl in einer Pfanne. Aber nehmen Sie sich immer einen Timer dafür zur Hand, denn es passiert schnell, dass man sie vergisst. Sie können die Nüsse auch auf einem Backblech bei 175 °C im Ofen 5–10 Minuten rösten. Ich liebe es, Nüsse sowohl fein gemahlen als Mehl zu verwenden als auch grob gehackt als Zugabe mit Biss.

TRIEBMITTEL

Ich liebe die Flexibilität und Spontaneität, die **Trockenhefe** mir bietet. Ich habe keinen Unterschied im Geschmack oder der Textur im Vergleich zu frischer Hefe gefunden. In vielen Rezepten kommt **Natron** zum Einsatz. Hier ist es ganz wichtig, dass der Teig ebenfalls eine saure Zutat erhält, wie Joghurt, Buttermilch, Zitronensaft oder Kakao. Denn nur im Zusammenspiel mit einer Säure wird Natron aktiv. **Backpulver** enthält bereits einen Säureträger und treibt den Teig daher auch ohne eine zusätzliche Säurezugabe.

SCHOKOLADE

Ich liebe es, mit Zartbitterschokolade zu backen. Sie ist erdiger und hat mehr Tiefe als Milchschokolade. Seien Sie vorsichtig beim Schmelzen von Schokolade – vor allem bei weißer Schokolade. Schmelzen Sie sie über einem heißen Wasserbad und achten Sie darauf, dass kein Wasser in die Schokolade gelangt, sonst wird sie nicht geschmeidig.

VANILLE

Backen ohne Vanille ist für mich undenkbar! Ich verwende häufig Vanillesalz und Vanilleextrakt, beides können Sie ganz einfach selbst herstellen.

VANILLESALZ: Perfekt für fast jedes Rezept, in dem Salz in der Zutatenliste steht. Es ist besonders gut für Rezepte, bei denen man keine Extraflüssigkeit hinzufügen, aber dennoch ein leichtes Vanillearoma erzeugen möchte. Mahlen Sie einfach 150 g grobes Meersalz mit 2 bis 4 ganzen Vanilleschoten. Füllen Sie die Mischung in ein sauberes Glas und lassen Sie sie ziehen, das Aroma wird mit der Zeit intensiver. Dieses Salz macht sich auch wunderbar als Geschenk!

VANILLEEXTRAKT: Dies ist ein wichtiger Bestandteil in fast jedem Rezept dieses Buches. Er ist einfach gemacht und wird um Welten besser schmecken als alles, was Sie fertig kaufen können. Was Sie dazu brauchen:

- einige Vanilleschoten
- 200 ml Wodka oder ähnlichen Alkohol mit 40 % Alkoholgehalt – Rum ist ebenfalls gut geeignet, bringt aber mehr Eigengeschmack mit sich
- 1 Flasche mit etwa 250 ml Inhalt.
- Je nach Größe Ihres Gefäßes schneiden Sie die ganzen Vanilleschoten so, dass Sie später komplett mit der Flüssigkeit bedeckt sind. Gießen Sie den Alkohol darüber. Schütteln Sie zwei Mal pro Woche das Gefäß und schon nach zwei Wochen werden Sie mit einem tollen Vanillearoma beglückt. Der Extrakt hält für immer und ewig – und Sie können ihn immer wieder mit Alkohol oder weiteren Schoten auffüllen.

ZUCKER

Es gibt mittlerweile verschiedenste Sorten an Zucker und Süßungsmitteln. Doch nur ein paar sind optimal zum Backen geeignet. Ich arbeite mit dem klassischen Raffinadezucker (Haushaltszucker) und auch sehr gern mit Muscovadozucker. Dieser braune Vollrohrzucker hat einen unglaublich köstlichen, karamelligen Geschmack. Anders als brauner Zucker ist dieser nicht so kristallisiert und eignet sich dadurch besonders gut zum Backen.

ALLGEMEIN

Verwenden Sie niemals Zutaten mit Zusatzstoffen oder künstlichen Aromen wie Fruchtjoghurt. Backen ist ein Luxus –, den Sie zelebrieren sollten! Fett, Zucker und Salz sind Träger für Geschmack und schaffen Textur, was es schwer macht, sie zu ersetzen. Genießen Sie Ihr Gebäck in Maßen und teilen Sie es mit anderen!

Hilfreiches Equipment

Ich halte die Dinge gern einfach in meiner Küche – und so handhabe ich es auch mit meinem Equipment. Ich liebe es, so viel wie möglich mit meinen Händen zu machen – und genieße aber auch die Unterstützung von großartigen Werkzeugen und Geräten. Seien Sie sich bei der Auswahl Ihrer Utensilien immer einer Tatsache bewusst: Beim Backen geht es um Präzision! Dies sind meine Favoriten:

BACKFORMEN

Ich backe gern mit anodisiertem Aluminium. Es hält ein Leben lang und leitet die Hitze gleichmäßig und schnell. Ich habe sehr, sehr viele verschiedene Backformen zu Hause – mehr als Sie unbedingt benötigen. Infos dazu, welche Backformen ich Ihnen ans Herz lege und wie Sie Teigmengen auf andere Formgrößen umrechnen können, finden Sie auf S. 250.

KUCHENGITTER

Gebäck benötigt Luftzirkulation, um nach dem Backen optimal abkühlen zu können. Kuchengitter helfen Ihnen außerdem beim Herauslösen des Gebäcks aus der Backform oder beim Transport von einem Platz zum anderen.

KÜCHENMASCHINE ODER HANDMIXER

Wenn Sie nicht den Platz oder das Budget für eine Küchenmaschine haben, dann benutzen Sie einen guten Handmixer. Ich liebe meinen Handmixer von KitchenAid – er ist nicht nur stark, sondern auch leise.

MESSLÖFFEL-SET

Jedes einzelne Rezept, das ich je kreiert habe, verwendet Messlöffel. Sie waren schon ein Teil meines Lebens, als ich drei Jahre alt war. Heute nehme ich sie mit auf Reisen zu meinen Terminen und Auftritten – und habe sie so bei jedem Backen zur Hand. Übrigens sind bei den Rezepten mit TL oder EL immer gestrichene Tee- oder Esslöffel gemeint.

NUDELHOLZ

Ich liebe ein klassisches Holz-Nudelholz ohne Griffe. Es sollte eine gewisse Breite und auch etwas Gewicht haben, damit Sie optimal damit arbeiten können. Denken Sie daran, dass Sie hölzerne Varianten niemals waschen sollten. Zum Säubern fahren Sie mit einem Edelstahlteigschaber oder der Rückseite eines Messers entlang des Holzes, um Teigreste zu entfernen. Ein tolles Nudelholz ist eine Investition fürs Leben – ich reise mit meinem zu jedem TV-Auftritt.

PALETTE – WINKELPALETTE UND STREICHPALETTE

Mit einer kleinen Winkelpalette können Sie verstreichen, servieren und an unerreichbare Stellen gelangen. Eine große, lange und gerade Streichpalette ist toll zum Auftragen von Frostings und Füllungen sowie zum generellen Glätten. Ich habe gern beide Versionen zur Hand.

FEINE REIBE

Für Zitrusfrüchte ein Muss! Eine gute Reibe – ich verwende Microplane-Reiben – ist so scharf, dass keine Gefahr besteht, bis auf die bittere, weiße Innenhaut zu reiben.

GROSSER SCHNEEBESEN

Er hilft Ihnen beim Vermengen der Zutaten – sowohl der trockenen als auch der flüssigen. Er ist ein wichtiges Hilfsmittel in der Backstube. Auch ein kleiner und ein mittlerer Schneebesen sind hilfreich, doch fangen Sie zunächst mit dem großen für Ihre Sammlung an.

FEINES SIEB

Dies ist ideal zum Sieben der trockenen Zutaten als auch zum Passieren von flüssigen Zutaten. Ein Must-have!

TEIGSCHABER AUS GUMMI

Ich liebe sie – und habe eine große Kollektion davon zu Hause. Am liebsten verwende ich die von Rösle, da sie eine wirklich gute Qualität haben. Die weißen nehme ich für die süßen Kreationen, die farbigen für herzhafte Rezepte – so ist meine Ordnung in der Küche. Denn Gummi ist porös und kann den Geschmack von Knoblauch oder Zwiebeln leicht annehmen. Daher halte ich Teigschaber farbig getrennt voneinander.

SPRITZBEUTEL & -TÜLLEN

Besorgen Sie sich eine gute Auswahl an Tüllen und Einwegspritzbeuteln. Ich bin immer überrascht, wie sehr ich es genieße, mit Frosting und einer schönen Tülle verschiedene Muster auf Cupcakes zu zaubern. Wenn Sie keine geeigneten Einwegspritzbeutel finden, verwenden Sie einfach einen Gefrierbeutel und schneiden Sie ein kleines Stück von einer Ecke ab. Es macht die Reinigung so viel einfacher!

TEIGRÄDCHEN

Ein solides Teigrad macht das Leben einfacher: Es schneidet den Teig so mühelos, anstatt ihn zu zerreißen wie ein Messer. Ich habe ein wirkliches altes Modell von meiner Urgroßmutter, das ich bis heute benutze und schätze!

TEIGSCHABER AUS EDELSTAHL

Eines der wichtigsten Werkzeuge in meiner Küche. Er kann Teig teilen, eine Arbeitsfläche reinigen und helfen, einen weichen Hefeteig zu bearbeiten. Betrachten Sie ihn als Ihre dritte, helfende Hand!

TIMER

Ich verwende einen digitalen Timer in fast jeder Lebenslage: Um meinen Kids ein Zeitlimit für die I-Pad-Nutzung aufzuzeigen, um Nüsse beim Rösten nicht zu vergessen und beim Backen, um Schritt für Schritt das beste Backergebnis zu erreichen. Meiner hat sogar eine doppelte Timing-Funktion – das unterstützt mich beim Multitasking, damit ich immer daran erinnert werde, dass parallel noch etwas läuft!

WAAGE

Die Digitalwaage ist mein treuer Begleiter bei der Kreation meiner Rezepte und sie ist unverzichtbar beim Backen.

1. KUCHENGITTER
2. KÜCHENMASCHINE ODER HANDMIXER
3. MESSLÖFFEL-SET
4. NUDELHOLZ
5. PALETTE – WINKELPALETTE UND STREICHPALETTE
6. FEINE REIBE
7. GROSSER SCHNEEBESEN
8. FEINES SIEB
9. TEIGSCHABER AUS GUMMI
10. SPRITZBEUTEL & -TÜLLEN
11. TEIGRÄDCHEN
12. TEIGSCHABER AUS EDELSTAHL
13. TIMER
14. WAAGE
15. RECHTECKIGE PIE- UND TARTEFORM
16. MUFFINBLECH
17. BRIOCHEFÖRMCHEN
18. GUGELHUPFFORM

14
1
17
OFF
KG
LB
ON
ZERO
4
9
12
7
15
11
10
2
5
6
3
16
18
8
13

Praktische Hinweise

Ihr Ofen ist ein wichtiges Werkzeug und Bestandteil des Backerfolgs. Jeder Ofen bäckt anders und hat seine Eigenheiten. Um ihn optimal nutzen zu können, sollten Sie ihn also gut kennen.

BACKOFEN

Manche Öfen backen langsam, während andere eine eher aggressive Hitze haben. Einige sind vorne oder hinten heißer. Mit der Zeit werden die Heizelemente eines Ofens müde, was zu einer ungleichmäßigen Wärmeverteilung führen kann. Sie können das ausgleichen, indem Sie die Position des Kuchens nach der Hälfte der Backzeit verändern. Eine solche Kleinigkeit reicht schon aus, um die Probleme eines jeden Ofenbesitzers zu lösen.

HITZEARTEN

Ich backe Biskuit und Rührkuchen mit Umluft oder Unterhitze und im unteren Drittel des Ofens. Gebäck wie Cookies und Brownies werden in der Mitte des Ofens gebacken. Ich empfehle Ihnen, immer nach der Hälfte der Backzeit die Farbe des Gebäcks zu prüfen, und wenn nötig, es rechtzeitig mit Backpapier abzudecken. Ich decke meine Kuchen oft nach der Hälfte mit Backpapier ab und nehme es für die letzten 5–10 Minuten wieder ab. So nimmt der Kuchen nicht zu viel Farbe an, ein goldbraunes Backergebnis ist aber garantiert. Bitte verwenden Sie keine Alufolie, diese lässt den Kuchen nicht atmen und blockt die Hitze ab.

FEUCHTIGKEIT IM OFEN

Eine Freundin meiner Großmutter lehrte mich, Eischwerkuchen mit einer Schüssel Wasser im Ofen zu backen, damit die Oberfläche beim langen Backen nicht zu einer harten Kruste wird. Ich stelle eine kleine Wasserschüssel hinter den Kuchen auf das Ofengitter. Die leichte Feuchtigkeit sorgt für eine weiche Oberfläche des Kuchens.
Auch beim Brotbacken spielt der Einsatz von Wasser und ein intensiver Dampf eine wichtige Rolle: Der Dampf macht die Brotkruste kross! Hier stelle ich die Schüssel schon beim Vorheizen mit in den Ofen auf den Boden. Das Wasser gebe ich erst hinein, wenn das Gebäck in den Ofen kommt, zusätzlich besprühe ich das Brot mit etwas Wasser. Wenn ich eine richtig »krachende« Kruste erreichen möchte – beispielsweise für ein Landbrot – gebe ich eine Handvoll Eiswürfel statt Wasser in die Schüssel. Das sorgt für ordentlich Dampf und eine wunderbare Kruste. Auch hier besprühe ich das Brot noch zusätzlich mit Wasser, gegebenenfalls sogar mehrmals (aber nur zu Beginn der Backzeit, später nicht mehr).

GARPROBEN

Es ist sehr wichtig, den Moment zu erkennen, wenn ein Kuchen oder Gebäck fertig ist. In meiner Karriere als Gastronomin, habe ich schon viel gesehen, gegessen und gekostet: Kuchen, die über-backen waren, die zu kurz gebacken waren, fehlende Zutaten, falsche Mengenverhältnisse in der falschen Backform gebacken usw. Angenommen, Sie verwenden die richtigen Mengen der Zutaten, die richtige Backformgröße und Sie kennen Ihren Ofen: Woran erkennen Sie, dass ein Kuchen fertig gebacken ist?

- Wenn ein Zahnstocher oder eine ungekochte Spaghetti in die Teigmitte hineingestochen und beim Herausziehen wieder sauber herauskommt.
- Wenn die Seiten des Kuchens beginnen, sich vom Backformrand zu lösen.
- Wenn der Kuchen leicht zurückfedert, wenn Sie ihn vorsichtig antasten (übrigens der einzige Test für einen Biskuit oder eine Biskuitroulade).
- Wenn die Innentemperatur des Kuchens 99 °C erreicht hat.

Quick Cakes

DIE BEDEUTUNG VON ENTSCHLOSSENHEIT UND VERTRAUEN IN SICH SELBST

Ein wichtiger Punkt, zu dem ich meine Freunde, Familie und Leser immer ermutige, besteht darin, entscheidungsfreudig zu sein – besonders (aber nicht nur) beim Backen. Ich kenne eine Menge Zauderer und Aufschieber – die selbst ernannten »bad decision makers, too late or non-decision-makers«. Zugegeben, Entscheidungen zu treffen, kann herausfordernd und schwierig sein. Manch einer ringt lange mit einer Entscheidung – so lange, dass die Entscheidung hinfällig ist.

In Bezug auf das Backen geht es hier meist um die Länge der Backzeit. Backen ist wie Fahrradfahren, eine Sache von Erfahrung und Vertrauen. Die Kraft des Vertrauens entschädigt oftmals die fehlende Erfahrung. Das erinnert mich an die Zeit, als ich mein erstes Geschäft in Berlin eröffnete. Ich arbeitete mehr als ein Jahr ganz allein in der Küche. Der Gedanke, dass mir eine Person eine Frage stellt, lähmte mich. Doch dann kam der Punkt, an dem ich einige Pastry Chefs engagierte, um meine Kapazitäten zu vergrößern. Diese Konditoren waren Profis auf ihrem Gebiet – und hatten offensichtlich weit mehr Erfahrung als ich – trotzdem war ich der Boss. Ab da wurde ich selbst zu einer Entscheiderin. Denn nichts zwingt einen selbst schneller entscheidungsfähig zu sein, als wenn vier Augenpaare und eine große Frage gebannt eine Reaktion erwarten! Die Pastry Chefs hatten die Erfahrung, die ich vielleicht nicht hatte. Doch ich hatte das Vertrauen in meine ganz eigene Vision.

Quick Cakes

SCHLÜSSEL ZUM ERFOLG

Rührkuchen nenne ich auch gern Blitzkuchen! Keine Hefe, auf die man warten muss, kein Eiweißaufschlagen, sondern einfach und schnell gebacken. Sie brauchen keine Verzierung, um großartig zu sein – es geht vielmehr um den genialen Geschmack und eine brillante Textur.

Die ältesten Arten von »Quick Cakes« sind die amerikanischen »Pound Cakes«, die französischen »Quatre quarts« und die deutschen Eischwerkuchen. Als Basis nimmt man hierbei das Gewicht von 1 Ei (Klasse M) – 50 Gramm. Im nächsten Schritt werden die Mengen von Mehl, Butter und Zucker davon abgeleitet. Man verwendet also auch je 50 Gramm Mehl, weiche Butter und (Puder-) Zucker. Schließlich folgen die weiteren notwendigen Zutaten, also ⅛ TL Salz, ¼ TL Backpulver, ½ TL Vanilleextrakt und 1 EL Milch pro Ei.

Früher hat man kein Triebmittel verwendet. Stattdessen hat man Butter und Zucker sehr lang aufgeschlagen, damit Luft in die Masse eingearbeitet wird, die beim Backen als natürliches Triebmittel wirkt. Heute nehmen wir Backpulver zur Unterstützung. Ich habe zudem herausgefunden, dass die Verwendung von Puderzucker statt normalem Zucker und manchmal ein bisschen Speisestärke dem Teig eine feinere Struktur geben.

Wie der Name schon sagt, könnten Sie für einen »Pound Cake« auch jeweils 1 Pfund Butter, Zucker, Eier und Mehl verwenden – doch das wäre sehr viel Kuchenteig! Daher gilt jeder Teig, der das gleiche Verhältnis an Butter, Zucker, Eiern und Mehl hat, als »Pound Cake«. Neben diesem Grundwissen gibt es noch ein paar andere Punkte, die Ihr Schlüssel zum Erfolg sein werden:

3 WICHTIGE TIPPS FÜR JEDEN BLITZKUCHEN …

1. Die Zutaten müssen **Raumtemperatur** haben. Nehmen Sie sich Zeit, um alle Zutaten einschließlich der Backform vor dem Start des Backens vorzubereiten. Denn die richtige Vorbereitung ist schon der halbe Weg.

2. Sobald die Mehlmischung hinzukommt, dürfen Sie **die Masse nicht mehr so stark rühren!** Rühren Sie nur so lange, bis gerade so ein Teig entsteht, niemals so stark, wie Sie es mit dem Zucker und der Butter machen. Das starke Verrühren regt das Gluten an und das wiederum macht den Kuchen zu fest, er bekommt eine kompakte und weniger leichte Textur. Denken Sie daran, dass Sie den Teig auch noch einmal fix kontrollieren können, wenn Sie diesen in der Backform verteilen. Kleine Mehlklümpchen sind schnell verstrichen. Beim Mischen eines Muffinteigs versuche ich, so wenige Schläge wie möglich zu verwenden, um die trockenen Zutaten einzuarbeiten.

3. Ich backe Rührkuchen **im unteren Drittel des Ofens** bei Umluft oder Unterhitze. Wenn Sie den Kuchen zu weit oben im Ofen backen, kann zu viel Hitze auf den Kuchen reflektieren. Das führt dazu, dass der Kuchen schneller Farbe annimmt, als er durchbacken kann. Gegebenenfalls sollten Sie den Kuchen nach der Hälfte der Backzeit **mit Backpapier abdecken** (s. S. 16)

Zubereitung: 20 Min.
Backen: 55 Min.

Klassischer Eischwerkuchen

FÜR 1 KASTENFORM (11 X 29 CM)

250 g Mehl
½ TL Salz
1 ¼ TL Backpulver
250 g weiche Butter
250 g Puderzucker
2 TL Vanilleextrakt (s. S. 12)
5 Eier, Zimmertemperatur
50 ml Milch
Butter und Mehl für die Form

1 Backofen auf 170 °C (Umluft oder Unterhitze) vorheizen. Backform einbuttern und mit Mehl ausstäuben, nach Belieben zusätzlich mit Backpapier auslegen. Mehl mit Salz und Backpulver in eine Schüssel sieben.

2 Butter in einer Rührschüssel mit Küchenmaschine oder Handmixer cremig aufschlagen. Nach und nach den Puderzucker darübersieben, Vanilleextrakt dazugeben und beides unterrühren. Die Masse cremig aufschlagen, bis alles schön fluffig ist – das dauert etwa 4 Minuten. Nehmen Sie sich die Zeit dafür! Was ist schon eine Minute mehr, wenn Sie dafür ein noch besseres Ergebnis erhalten?

3 Weiterrühren und dabei die Eier nacheinander hinzufügen. Die Hälfte der Mehlmischung dazugeben und kurz unterrühren. Danach Milch untermischen, zuletzt die übrige Mehlmischung unterrühren. An diesem Punkt dürfen Sie nicht mehr zu viel rühren!

4 Teig gleichmäßig in der Form verteilen. Eine ofenfeste Schüssel mit Wasser in die hintere Ecke des Backofens auf das Ofengitter stellen – das Wasser sorgt dafür, dass die Kruste weich bleibt. Den Kuchen im Ofen etwa 55 Minuten backen. Stäbchentest machen (s. S. 16).

5 Kuchen aus dem Ofen nehmen und etwa 10 Minuten in der Form abkühlen lassen. Dann aus der Form lösen und auf einem Kuchengitter vollständig abkühlen lassen.

Zubereitung: 20 Min.
Backen: 45 Min.

Leichter Eischwerkuchen

Der beste Weg, einen Rührkuchen etwas leichter zu machen, besteht darin, an Fett zu sparen und Speisestärke dazuzugeben. Speisestärke aus Mais enthält kein Gluten und verleiht dem Gebäck eine leichtere Konsistenz.

FÜR 1 KASTENFORM (11 X 29 CM)
175 g Mehl
50 g Speisestärke
1 TL Natron
½ TL Salz
200 g weiche Butter
200 g Zucker
2 TL Vanilleextrakt (s. S. 16)
4 Eier, Zimmertemperatur
200 g saure Sahne (Alternativen s. S. 240)
100 g getrocknete Früchte, fein gehackt
Butter und Mehl für die Form

1 Backofen auf 160 °C (Umluft oder Unterhitze) vorheizen. Backform einbuttern und mit Mehl ausstäuben. Mehl mit Speisestärke, Natron und Salz in eine Schüssel sieben.

2 Butter in einer Rührschüssel mit Küchenmaschine oder Handmixer etwa 1 Minute cremig aufschlagen. Zucker und Vanilleextrakt hinzufügen und weiterschlagen. Die Eier nach und nach dazugeben und kräftig aufschlagen.

3 Die Hälfte der Mehlmischung hinzufügen und kurz unterrühren. Saure Sahne hinzugeben und alles grob vermengen. Die restliche Mehlmischung unterrühren und zuletzt die Trockenfrüchte mit einem Holzlöffel oder Teigschaber unterheben – dabei nicht mehr zu viel rühren!

4 Teig gleichmäßig in der Form verteilen. Kuchen im Ofen etwa 45 Minuten backen. Stäbchentest machen (s. S. 16).

5 Kuchen aus dem Ofen nehmen und etwa 10 Minuten in der Form abkühlen lassen. Dann stürzen und auf einem Kuchengitter vollständig abkühlen lassen.

Create your own
Seite 240

Frischkäse-Eischwerkuchen

Zubereitung: 20 Min.
Backen: 50–55 Min.

Ein »Pound Cake« – wie der Eischwerkuchen in den USA heißt – mit Frischkäse ist eine Tradition der Südstaaten: samtig in der Textur und mit leichter Säure vom Frischkäse für einen köstlichen Geschmack. Durch den Frischkäse hat dieser Pound Cake eine etwas andere Zubereitung – also folgen Sie für einen garantierten Backerfolg genau den Schritten.

FÜR 1 GUGELHUPFFORM (25 CM Ø)

5 Eier, Zimmertemperatur
1 EL Vanilleextrakt (s. S. 16)
50 ml Buttermilch, Zimmertemperatur
fein abgeriebene Schale von 1 Bio-Zitrone oder -Orange, nach Belieben
275 g Mehl
50 g Speisestärke
½ TL Salz
½ TL Natron
1 TL Backpulver
300 g Zucker
125 g weiche Butter
175 g Frischkäse
Puderzucker zum Bestäuben, nach Belieben
Butter und Mehl für die Form

1 Backofen auf 160 °C (Umluft oder Unterhitze) vorheizen. Backform einbuttern und mit Mehl ausstäuben. Eier mit Vanilleextrakt, Buttermilch und nach Belieben mit Zitronen- oder Orangenschale in einer Schüssel verrühren.

2 In eine zweite Schüssel Mehl, Speisestärke, Salz, Natron, Backpulver und Zucker sieben und die Butter in kleinen Stücken sowie den Frischkäse hinzufügen. Butter und Frischkäse mit Küchenmaschine oder Handmixer in die Mehlmischung einarbeiten, bis Krümel entstanden sind, die etwa die Größe von Erbsen haben. Nicht zu lange rühren!

3 Eiermischung in drei Portionen dazugeben, dabei nach jeder Portion 15 Sekunden lang schlagen. Teig gleichmäßig in der Form verteilen. Eine ofenfeste Schüssel mit Wasser in den Ofen stellen (s. S. 16). Kuchen im Ofen 50–55 Minuten backen. Stäbchentest machen (s. S. 16).

4 Kuchen aus dem Ofen nehmen und etwa 10 Minuten in der Form abkühlen lassen. Dann stürzen und auf einem Kuchengitter vollständig abkühlen lassen. Nach Belieben mit etwas Puderzucker, einer Glasur oder Sauce (s. S. 126, 218) verzieren.

Schokoladen-Eischwerkuchen

Zubereitung: 25 Min.
Backen: 1 Std.

Dieser Kuchen ist intensiv im Geschmack und dabei gleichzeitig unaufgeregt gut. Wenn Sie den Schokoladengeschmack noch intensiver gestalten möchten, können Sie statt Wasser auch Kaffee verwenden und darüber hinaus bis zu einem Esslöffel Instant-Kaffeepulver hinzufügen.

FÜR 1 KASTENFORM (11 X 29 CM)

50 g Zartbitterschokolade, gehackt
30 g ungesüßtes Kakaopulver
100 ml heißes Wasser, Milch oder Kaffee
2 TL Vanilleextrakt (s. S. 12)
165 g Mehl
50 g Speisestärke
35 g ungesüßtes Kakaopulver
½ TL Backpulver
½ TL Natron
½ TL Salz
1 kleine Prise gemahlener Zimt, nach Belieben
250 g weiche Butter
250 g Zucker
4 Eier, Zimmertemperatur
Butter und ungesüßtes Kakaopulver für die Form

1 Backofen auf 165 °C (Umluft oder Unterhitze) vorheizen. Backform einbuttern und mit Kakao ausstäuben.

2 250 ml Wasser zum Kochen bringen, in eine ofenfeste Schüssel füllen und in der hinteren Ecke des Ofens platzieren. Das sorgt dafür, dass die Oberfläche des Kuchens weich bleibt und sich trotz der langen Backzeit keine harte Kruste bildet.

3 Schokolade mit 30 g Kakao in einen Rührbecher geben. Heißes Wasser, Milch oder Kaffee darübergießen. Alles so lange verrühren, bis die Schokolade geschmolzen und eine homogene Masse entstanden ist. Vanilleextrakt einrühren.

4 Mehl, Stärke, 35 g Kakao, Backpulver, Natron, Salz und nach Belieben Zimt in eine Schüssel sieben. Butter und Zucker mit Küchenmaschine oder Handmixer cremig aufschlagen. Eier nach und nach hinzugeben und nach jedem Ei gut verrühren.

5 Die Hälfte der Mehlmischung hinzufügen und alles kurz unterrühren. Nun die flüssige Schokoladenmischung unterrühren. Zum Schluss die restliche Mehlmischung vorsichtig einarbeiten.

6 Teig gleichmäßig in der Form verteilen. Im Ofen 1 Stunde backen. Kuchen aus dem Ofen nehmen und 15 Minuten in der Form abkühlen lassen. Dann aus der Form lösen und auf einem Kuchengitter vollständig abkühlen lassen.

TIPP

Genießen Sie den Kuchen mit etwas Kakao bestäubt, mit einer Schokosauce (s. S. 218) oder einer Ganache (s. S. 226).

Zubereitung: 20 Min.
Backen: 40 Min.

Schokoladen-Zucchini-Kuchen

Allzeit beliebt und Nostalgie in ihrer schönsten Form. Bei diesem Kuchen sorgt die Butter für den Geschmack, Öl und Zucchini für die Saftigkeit. Zimt und Instantkaffee unterstützen dezent das Schokoaroma.

FÜR 1 RECHTECKIGE BACKFORM (24 X 32 CM)

300 g Mehl
50 g ungesüßtes Kakaopulver
½ TL Salz
1 TL Natron
½ TL Backpulver
1 Prise gemahlener Zimt, nach Belieben
125 g weiche Butter
100 ml Pflanzenöl
200 g Zucker
1 EL Zuckerrübensirup
1 TL Instant-Kaffee- oder Espressopulver, nach Belieben
1 TL Vanilleextrakt (s. S. 12)
3 Eier, Zimmertemperatur
1 Zucchini, grob gerieben (ca. 250 g)
100 dunkle Schokolade, grob gehackt (ich nehme gern Edelbitter-Schokolade, doch Zartbitter passt auch wunderbar)
Butter und Mehl für die Form

1 Backofen auf 165 °C (Umluft oder Unterhitze) vorheizen. Backform einbuttern und mit Mehl ausstäuben. Mehl, Kakao, Salz, Natron, Backpulver und Zimt in eine Schüssel sieben.

2 Butter mit Öl, Zucker, Sirup, Instant-Kaffeepulver und Vanilleextrakt mit Küchenmaschine oder Handmixer cremig aufschlagen. Eier nacheinander hinzufügen und weiter aufschlagen. Mehlmischung mit einem Teigschaber oder Holzlöffel unter die Buttermasse heben, danach Zucchini und Schokolade unterrühren.

3 Teig in der Form verteilen und im Ofen 40 Minuten backen. Stäbchentest machen (s. S. 16). Kuchen aus dem Ofen nehmen und etwa 10 Minuten in der Form abkühlen lassen. Dann aus der Backform lösen und auf einem Kuchengitter vollständig abkühlen lassen.

4 Servieren Sie den Kuchen nach Belieben mit etwas Puderzucker bestäubt, der Schokoladensauce von Seite 218 und Schokoraspel darüber, einem Schokoladen-Frosting (s. S. 223) oder einer Ganache (s. S. 226).

Den Kuchen können Sie auch in einer Gugelhupfform oder einer runden Backform mit Einsatz (beides 25 cm Ø) backen. Dann bäckt er allerdings jeweils 45 Minuten.

Zubereitung: 20 Min.
Backen: 55–65 Min.

Orangen-Buttermilch-Kuchen

MIT HONIG

Dieser köstliche Kuchen benötigt nicht mehr als etwas Puderzucker oder eine einfache Glasur für ein großartiges Finish! Bitte achten Sie darauf, Maismehl nicht mit Maisstärke oder Polenta zu verwechseln.

FÜR 1 GUGELHUPFFORM (25 CM Ø)

Für den Kuchen:

350 g Mehl
150 g Maismehl
¾ TL Salz
½ TL Natron
1 Prise frisch geriebene Muskatnuss
350 g weiche Butter
400 g Zucker
75 g Honig
4 Eier, Zimmertemperatur
fein abgeriebene Schale von 1 Bio-Orange
250 ml Buttermilch, Zimmertemperatur
Butter und Mehl für die Form

Für die Glasur (nach Belieben):

150 g Puderzucker
3 EL Orangensaft
1 TL Honig

1 Backofen auf 165 °C (Umluft oder Unterhitze) vorheizen. Form leicht einbuttern und mit Mehl ausstäuben. Mehl, Maismehl, Salz, Natron und Muskatnuss in eine Schüssel sieben.

2 Butter und Zucker mit Küchenmaschine oder Handmixer etwa 2 Minuten cremig aufschlagen. Honig hinzufügen und die Masse 1 Minute weiterschlagen. Eier nacheinander dazugeben und unterrühren, dann die Orangenschale hinzufügen. Die Hälfte der Mehlmischung vorsichtig unter den Teig rühren, dann die Buttermilch untermischen. Zuletzt die restliche Mehlmischung unterheben.

3 Teig gleichmäßig in der Form verteilen. Eine ofenfeste Schüssel mit Wasser in den Ofen stellen (s. S. 16). Kuchen im Ofen 55–65 Minuten backen. Dabei nach 30 Minuten die Farbe prüfen und den Kuchen bei Bedarf mit Backpapier abdecken, damit er nicht zu stark bräunt. Stäbchentest machen (s. S. 16).

4 Kuchen aus dem Ofen nehmen und etwa 10 Minuten in der Form abkühlen lassen. Dann aus der Form stürzen und auf ein Kuchengitter setzen.

5 Nach Belieben inzwischen für die Glasur den Puderzucker sieben und mit Orangensaft und Honig zu einer glatten Masse verrühren. Die Glasur über den noch warmen Kuchen verteilen. Alternativ den Kuchen zum Servieren nur mit Puderzucker bestäuben (s. Foto).

TIPP

Servieren Sie den Kuchen mit ein paar frischen Beeren – so schmeckt er besonders gut.

Zubereitung: 45 Min.
Backen: 55–60 Min.

Bananenkuchen

MIT HONIG-PEKANNÜSSEN & ANANAS

FÜR 1 GUGELHUPFFORM (25 CM Ø)

Für die Honig-Pekannüsse:

50 g Honig
100 g Pekannusskerne
1 Prise Salz
1 EL Zucker

Für den Kuchen:

200 g frische Ananas
270 g Mehl
1 TL Natron
1 TL Backpulver
½ TL Vanillesalz (s. S. 12)
150 g Vollkornweizenmehl
250 g weiche Butter
125 g Zucker
100 g Muscovadozucker
2 TL Vanilleextrakt (s. S. 12)
2 Eier, Zimmertemperatur
2 sehr reife Bananen (ca. 250 g)
200 g saure Sahne oder Joghurt, Zimmertemperatur
100 g getrocknete Kirschen, Cranberrys oder Rosinen, nach Belieben
Puderzucker zum Bestäuben
Butter und Mehl für die Form

1 Für die Honig-Pekannüsse den Backofen auf 170 °C (Umluft oder Unterhitze) vorheizen. Ein Backblech mit Backpapier auslegen. In einem kleinen Topf den Honig erhitzen, bis er flüssig ist. Nüsse und Salz dazugeben und vermengen. Die Masse gleichmäßig auf dem Backblech verteilen, mit Zucker bestreuen und im Ofen 10 Minuten backen. Die Nüsse mit einem Pfannenwender wenden und nochmals 10 Minuten rösten. Aus dem Ofen nehmen und abkühlen lassen, danach grob hacken.

2 Für den Kuchen inzwischen die Backform leicht einbuttern und mit Mehl ausstäuben. Ananas in Stücke schneiden. Das Mehl mit Natron, Backpulver und Vanillesalz in eine Schüssel sieben, dann das Vollkornmehl hinzugeben. Die Butter und beide Zuckersorten mit Küchenmaschine oder Handmixer cremig aufschlagen, Vanilleextrakt hinzufügen. Die Eier nacheinander dazugeben und unterrühren.

3 Bananen schälen, mit saurer Sahne oder Joghurt fein pürieren und unter den Teig rühren. Nach und nach die Mehlmischung untermischen, bis gerade so ein Teig entsteht. Zuletzt Ananas mit gehackten Honig-Pekannüssen und nach Belieben gehackten Trockenfrüchten unterheben.

4 Teig gleichmäßig in der Form verteilen und im unteren Drittel des Ofens 55–60 Minuten backen. Nach 30 Minuten die Farbe prüfen und den Kuchen bei Bedarf mit Backpapier abdecken, damit er nicht zu stark bräunt. Stäbchentest machen (s. S. 16).

5 Kuchen aus dem Ofen nehmen und 15 Minuten in der Form abkühlen lassen. Dann stürzen und auf einem Kuchengitter ganz abkühlen lassen. Vor dem Servieren mit Puderzucker bestäuben.

Zitronen-Ricotta-Teebrot

Zubereitung: 20 Min.
Backen: 55 Min.

Teebrot ist einfach und köstlich! Man nennt es auch »Quick Bread«, da es ohne Hefe gebacken wird und recht zügig geht. Typisch für ein Teebrot ist die feine Textur, die perfekt zu Kaffee, Tee oder einfach mal zwischendurch passt.

FÜR 1 KASTENFORM (11 X 29 CM)

Für den Kuchen:

200 g Mehl
50 g Speisestärke
1 TL Backpulver
1 TL Natron
½ TL Salz
100 g fein gemahlene Mandeln
fein abgeriebene Schale von je 1 Bio-Zitrone und -Orange
3 EL Mohn
200 g weiche Butter
175 g Zucker
250 g Ricotta
3 Eier, Zimmertemperatur
1 TL Vanilleextrakt (s. S. 12)
125 ml Buttermilch
Butter und Mehl für die Form

Für den Sirup:

5 EL Zitronensaft
1 EL Zucker

1 Backofen auf 160 °C (Umluft oder Unterhitze) vorheizen. Backform einbuttern und mit Mehl ausstäuben. Mehl, Speisestärke, Backpulver, Natron und Salz in eine Schüssel sieben. Mandeln, Zitronen- und Orangenschale sowie Mohn hinzufügen.

2 Butter und Zucker mit Küchenmaschine oder Handmixer cremig aufschlagen, Ricotta unterrühren. Die Eier nacheinander dazugeben und verrühren. Die Hälfte der Mehlmischung unterrühren, danach Vanilleextrakt und Buttermilch. Zuletzt die übrige Mehlmischung unterheben.

3 Teig gleichmäßig in der Form verteilen und im Ofen etwa 55 Minuten backen. Dabei nach 30 Minuten die Farbe prüfen und das Teebrot bei Bedarf mit Backpapier abdecken, damit es nicht zu stark bräunt. Stäbchentest machen (s. S. 16). Aus dem Ofen nehmen und in der Form 10 Minuten abkühlen lassen. Dann aus der Form lösen und auf einem Kuchengitter vollständig abkühlen lassen.

4 Für den Sirup den Zitronensaft erhitzen und den Zucker darin auflösen. Mit einem Zahnstocher mehrmals die gesamte Oberfläche des Teebrots einstechen – dann nimmt es den Sirup besser auf. Sirup mit einem Pinsel über das Teebrot verteilen und etwas einziehen lassen. Noch warm oder abgekühlt genießen.

TIPP

Das Teebrot hält sich in Frischhaltefolie eingeschlagen mehrere Tage und bleibt dank des Sirups wunderbar saftig.

gluten-frei

Blaubeer-Zitronen-Teebrot

Zubereitung: 20 Min.
Backen: 55 Min.

Dieses Teebrot ist sogar glutenfrei. Statt Blaubeeren können Sie auch frische Aprikosen oder Pfirsiche verwenden. Achten Sie aber darauf, dass die Früchte schön fest sind. Erdbeeren empfehle ich hier nicht – sie sind zu saftig und ihr Aroma würde untergehen. Auch alle anderen Arten von Beeren mit Kernchen – wie Himbeeren oder Brombeeren – sind hierfür nicht optimal geeignet.

FÜR 1 KASTENFORM (11 X 29 CM)

300 g Blaubeeren (frisch oder TK, aufgetaut und abgetropft)
150 g fein gemahlene Mandeln
150 g Maismehl (keine Polenta oder Maisstärke)
fein abgeriebene Schale von 1–2 Bio-Zitronen (je nach Größe und Geschmack)
½ TL Salz
½ TL Natron
½ TL Backpulver
150 g weiche Butter
150 g Zucker
3 Eier, Zimmertemperatur
150 ml ungesüßte Mandelmilch
Butter und Mehl für die Form

1 Backofen auf 180 °C (Umluft oder Unterhitze) vorheizen. Backform leicht einbuttern und mit Mehl ausstäuben. Frische Blaubeeren waschen und trocken tupfen (TK-Beeren rechtzeitig auftauen und abtropfen lassen).

2 Mandeln, Maismehl, Zitronenschale, Salz, Natron und Backpulver in einer Schüssel vermengen. Butter und Zucker mit Küchenmaschine oder Handmixer cremig aufschlagen. Eier nacheinander dazugeben und gründlich unter die Buttermasse rühren.

3 Die Hälfte der Mehlmischung unter den Teig mischen. Die Mandelmilch hinzufügen und unterrühren. Dann die restliche Mehlmischung vorsichtig unterziehen. Zuletzt die Blaubeeren mit einem Teigschaber ganz behutsam unterheben. Versuchen Sie, dass die Blaubeeren ganz bleiben, sonst wird das Teebrot blau!

4 Teig in der Form verteilen und im Ofen etwa 55 Minuten backen. Dabei nach 30 Minuten die Farbe prüfen und das Teebrot bei Bedarf mit Backpapier abdecken, damit es nicht zu stark bräunt. Stäbchentest machen (s. S. 16).

5 Das Teebrot aus dem Ofen nehmen und etwa 15 Minuten in der Form abkühlen lassen. Dann vorsichtig aus der Backform lösen und auf einem Kuchengitter vollständig abkühlen lassen.

Schokoladen-Teebrot

MIT PFLAUMEN

Zubereitung: 25 Min.
Backen: 45 Min.

Schokolade und Pflaumen lieben einander und ergänzen sich perfekt. Der süß-herbe Geschmack der dunklen Schokolade gepaart mit der fruchtigen Säure der Pflaumen ist eine Kombination, die diesen Kuchen einzigartig macht.

FÜR 1 GUGELHUPFFORM (25 CM Ø)

250 g getrocknete Pflaumen, grob gehackt
250 ml Schwarztee oder Orangensaft
100 g Zartbitterschokolade, grob gehackt
100 ml Milch
300 g Mehl
50 g ungesüßtes Kakaopulver
1 TL Backpulver
1 TL Natron
½ TL Salz
200 g weiche Butter
180 g Zucker
3 Eier, Zimmertemperatur
fein abgeriebene Schale von 1 Bio-Orange
1 TL Vanilleextrakt (s. S. 12)
1 Rezept Schokoladensauce (s. S. 218)
Butter und Mehl für die Form

1 Backofen auf 165 °C (Umluft oder Unterhitze) vorheizen. Backform einbuttern und mit Mehl ausstäuben. Pflaumen in einem kleinen Topf mit Tee oder Orangensaft bei mittlerer Hitze etwa 10 Minuten erwärmen, bis sie die Flüssigkeit vollständig aufgenommen haben. Topf vom Herd nehmen, gehackte Schokolade hinzufügen und durch die Resthitze unter Rühren schmelzen lassen. Zuletzt Milch unterrühren.

2 Mehl, Kakao, Backpulver, Natron und Salz in eine Schüssel sieben. Butter und Zucker mit Küchenmaschine oder Handmixer cremig aufschlagen. Eier nacheinander dazugeben und unterrühren. Orangenschale und Vanilleextrakt einrühren, danach die Schoko-Pflaumen-Mischung. Die Mehlmischung vorsichtig unterheben, bis sich alles gerade so verbindet. Dabei nicht zu viel rühren!

3 Teig in der Form verteilen und im Ofen 45 Minuten backen. Aus dem Ofen nehmen und 15 Minuten in der Form abkühlen lassen. Dann stürzen und auf einem Kuchengitter vollständig abkühlen lassen. Die Schokoladensauce wie auf S. 218 beschrieben zubereiten und über den Kuchen verteilen. Alternativ können Sie den Kuchen auch nur mit Puderzucker bestäuben.

Zubereitung: 25 Min.
Backen: 1 Std. 10 Min.

Müsli-Teebrot

Für dieses Rezept bereite ich zuerst ein leckeres Müsli vor, das im Ofen knusprig röstet. Das Müsli-Rezept ergibt ein bisschen mehr als Sie für dieses Teebrot benötigen – dann haben Sie es auf Vorrat parat – zum Backen, für das Frühstück oder als Snack.

FÜR 1 KASTENFORM (11 X 29 CM)

Für das Müsli:
150 g kernige Haferflocken
75 g Nusskerne (z. B. Walnuss- oder Pekannusskerne)
50 g Kokos-Chips oder -raspel
2 EL Kürbiskerne
¼ TL Salz
3 EL Ahornsirup
3 EL Olivenöl
50 g Muscovadozucker
40 g getrocknete Kirschen

Für den Kuchen:
150 g Mehl
100 g Vollkornweizenmehl
1 TL Backpulver
1 TL Natron
100 g Zucker
2 Eier, Zimmertemperatur
175 ml Buttermilch oder Joghurt
125 ml Olivenöl oder Pflanzenöl
fein abgeriebene Schale von 1 Bio-Orange
150 g selbst gemachtes Müsli (s. o.)
1 Apfel, geraspelt (nach Belieben mit Schale)
100 g Datteln oder andere getrocknete Früchte, grob gehackt, nach Belieben
Butter und Mehl für die Form

1 Für das Müsli den Backofen auf 160 °C (Umluft oder Unterhitze) vorheizen. Ein Backblech mit Backpapier auslegen. Haferflocken mit Nüssen, Kokos, Kürbiskernen und Salz vermengen. In einem kleinen Topf Ahornsirup, Olivenöl und Zucker erhitzen, bis sich der Zucker aufgelöst hat. Dann über die Haferflockenmischung geben und alles gründlich mischen.

2 Das Müsli auf dem Blech verteilen und im Ofen 20–25 Minuten rösten, bis alles schön goldgelb ist. Aus dem Ofen nehmen und die getrockneten Kirschen untermischen, beiseitestellen. In einem Glas verschlossen hält sich das Müsli einige Wochen.

3 Für den Kuchen die Ofentemperatur auf 170 °C (Umluft oder Unterhitze) erhöhen. Die Backform einbuttern und mit Mehl ausstäuben. In einer Rührschüssel beide Mehlsorten, Backpulver, Natron und Zucker vermengen.

4 In einem Rührbecher die Eier mit Buttermilch oder Joghurt, Olivenöl oder anderem Pflanzenöl und Orangenschale mit einer Gabel verquirlen. Die flüssige Mischung zur Mehlmischung geben und nur so lange mit dem Teigschaber oder Holzlöffel verrühren, bis gerade so ein Teig entsteht. Müsli, Apfel und nach Belieben Trockenfrüchte vorsichtig unterheben.

5 Teig gleichmäßig in der Form verteilen und im Ofen 45 Minuten backen. Dabei nach 30 Minuten die Farbe prüfen und das Teebrot bei Bedarf mit Backpapier abdecken, damit es nicht zu stark bräunt. Das Teebrot aus dem Ofen nehmen und etwa 10 Minuten in der Form abkühlen lassen. Dann aus der Form lösen und auf einem Kuchengitter abkühlen lassen.

Zubereitung: 25 Min.
Backen: 45 Min.

Basic Coffee Cake

STREUSELKUCHEN

Dies ist ein fantastisches Rezept, das Sie super mit Obst der Saison abwandeln können. Seinen Ursprung hatte der Coffee Cake in Deutschland – der klassische Streuselkuchen wurde in die USA gebracht und dort zum Coffee Cake umbenannt, weil er gern zum Kaffee gegessen wurde. Genießen Sie nun die Cousine des Streuselkuchens.

FÜR 1 RUNDE BACKFORM (25 CM Ø) ODER 1 QUADRATISCHE BACKFORM (23 X 23 CM)

Für die Streusel:

100–150 g Himbeeren (frisch oder TK, aufgetaut und abgetropft, oder andere Früchte s. S. 241)
60 g kalte Butter
90 g Mehl
90 g Zucker
1 ½ TL gemahlener Zimt
1 Prise Salz

Für den Teig:

275 g Mehl
1 TL Backpulver
1 TL Natron
½ TL Salz
190 g weiche Butter
150 g Zucker
2 Eier, Zimmertemperatur
1 TL Vanilleextrakt (s. S. 12)
200 ml Buttermilch
Butter für die Form

1 Backofen auf 175 °C (Umluft oder Unterhitze) vorheizen. Backform leicht einbuttern. Für die Streusel die frischen Früchte waschen und trocken tupfen (TK-Beeren rechtzeitig auftauen und abtropfen lassen). Butter, Mehl, Zucker, Zimt und Salz mit den Fingerspitzen zu groben Streuseln verkneten. 60 g Streusel mit den Früchten mischen, die übrigen Streusel beiseitestellen.

2 Für den Teig Mehl, Backpulver, Natron und Salz in einer Schüssel vermengen. Butter mit Zucker mit Küchenmaschine oder Handmixer cremig aufschlagen. Die Eier nacheinander dazugeben und gründlich unterrühren, dann Vanilleextrakt hinzufügen. Die Buttermilch untermischen. Zuletzt die Mehlmischung unterrühren und nur leicht rühren, bis gerade so ein Teig entsteht.

3 Die Hälfte des Teigs in die Form geben und die Streusel-Früchte-Mischung gleichmäßig darauf verteilen. Den restlichen Teig daraufgeben und zuletzt die übrigen Streusel auf dem Kuchen verteilen. Kuchen im Ofen etwa 45 Minuten backen. Dabei nach 30 Minuten die Farbe prüfen und den Kuchen bei Bedarf mit Backpapier abdecken, damit er nicht zu stark bräunt. Stäbchentest machen (s. S. 16).

4 Kuchen aus dem Ofen nehmen und 10 Minuten in der Backform abkühlen lassen. Dann aus der Form lösen und auf einem Kuchengitter vollständig abkühlen lassen.

Create your own
Seite 241

Cupcakes

UNBEGRENZTE MÖGLICHKEITEN

Cupcakes-Rezepte in zwei Variationen: Schokolade und Vanille. Daraus entstehen dank der vielen Tipps zum Abwandeln im Handumdrehen verschiedenste Cupcakes für die Kaffeetafel. Lassen Sie Ihrer Kreativität freien Lauf bei der Gestaltung durch verschiedene Frostings (ab S. 238) und kleine dekorative Elemente – wie Perlen, Beeren oder Schokoladenraspel.

Basic Vanilla Cupcakes

ZUBEREITUNG: 15 MIN. | BACKEN: 18 MIN.

FÜR 12 CUPCAKES ODER 24 MINI CUPCAKES (1 MUFFINBLECH)

170 g Mehl
70 g Speise- oder Kartoffelstärke
2 TL Backpulver
175 g Zucker
½ TL Salz
2 Eier
125 ml Milch
1 TL Vanilleextrakt (s. S. 12)
125 g weiche Butter
12 Papiermanschetten

1 Backofen auf 175 °C (Umluft oder Unterhitze) vorheizen. Die Papiermanschetten in das Muffinblech verteilen.

2 Mehl, Stärke, Backpulver, Zucker und Salz in eine Rührschüssel sieben. In einem Rührbecher die Eier mit Milch und Vanilleextrakt verquirlen. Die Butter in kleinen Stücken zur Mehlmischung geben und mit der Küchenmaschine oder dem Handmixer grob einarbeiten, bis der Teig an kleine Erbsen erinnert. Dann die Eiermischung in drei Portionen dazugeben, dabei nach jeder Portion etwa 10 Sekunden weiterrühren.

3 Teig in die Förmchen verteilen und im Ofen etwa 18 Minuten (die Mini Cupcakes etwa 15 Minuten) backen. Cupcakes aus dem Ofen nehmen und 10 Minuten in der Form abkühlen lassen. Dann aus den Mulden lösen und auf einem Kuchengitter vollständig abkühlen lassen.

Create your own Seite 242

Basic Chocolate Cupcakes

ZUBEREITUNG: 25 MIN. | BACKEN: 18 MIN.

FÜR 12 CUPCAKES
ODER 24 MINI CUPCAKES
(1 MUFFINBLECH)
50 g Zartbitterschokolade
40 g ungesüßtes Kakaopulver
160 ml heißes Wasser
2 Eier
1 TL Vanilleextrakt (s. S. 12)
140 g Mehl
60 g Speisestärke
¾ TL Backpulver
¾ TL Natron
¼ TL Salz
160 g Zucker
140 g weiche Butter
12 Papiermanschetten

1 Backofen auf 180 °C (Umluft oder Unterhitze) vorheizen. Die Papiermanschetten in das Muffinblech verteilen.

2 Schokolade grob zerbrechen und in einem Rührbecher mit Kakao und dem heißen Wasser verrühren, bis alles klumpenfrei und geschmolzen ist. Die Mischung 10 Minuten abkühlen lassen. Eier und Vanilleextrakt hinzufügen und alles gründlich verquirlen.

3 Mehl, Speisestärke, Backpulver, Natron, Salz und Zucker in eine Rührschüssel sieben. Butter in kleinen Stücken hinzufügen und mit Küchenmaschine oder Handmixer grob einarbeiten, bis der Teig an kleine Erbsen erinnert. Dann die Schoko-Eier-Mischung in drei Portionen dazugeben, dabei nach jeder Portion etwa 10 Sekunden weiterrühren.

4 Teig in die Förmchen verteilen und im Ofen etwa 18 Minuten (die Mini Cupcakes etwa 15 Minuten) backen. Cupcakes aus dem Ofen nehmen und 10 Minuten in der Form abkühlen lassen. Dann aus den Mulden lösen und auf einem Kuchengitter vollständig abkühlen lassen.

Create your own

Und hier einige leckere Ergänzungen für den Teig:
50 g leicht geröstete und fein gemahlene Haselnusskerne *zur Mehlmischung hinzufügen.*
1 TL Instant-Kaffee- oder Espressopulver *zur Schokomischung dazugeben.*
Oder auch ***heißen Kaffee oder Espresso*** *statt des heißen Wassers verwenden, um die Schokolade zu schmelzen und den Geschmack zu intensivieren.*

TIPP

—

Sie können auch beide Teige herstellen und daraus 24 Marmor-Cupcakes backen. Dazu jeweils etwas hellen und etwas dunklen Teig in eine Papiermanschette füllen und mit einem Stäbchen kurz durchrühren.

Zubereitung: 20 Min.
Backen: 18 Min.

Mandelbutter-Himbeer-Muffins

Mandeln und Himbeeren ergänzen sich im Geschmack perfekt: Die Mandeln sind süß und mild, die Himbeeren sind sauer und fruchtig – Gegensätze ziehen sich an. Durch diesen Kontrast von Textur und Geschmack entsteht ein spannendes Rezept.

FÜR 12 MUFFINS (1 MUFFINBLECH)

150 g Himbeeren (frisch oder TK, aufgetaut und abgetropft)
270 g Mehl
2 TL Backpulver
¼ TL Natron
¼ TL Salz
¼ TL frisch geriebene Muskatnuss
120 g Zucker
1 Banane (190 g)
1 Ei
100 ml Buttermilch
50 ml Ahornsirup
125 g Mandelbutter bzw. Mandelmus
1 TL Vanilleextrakt (s. S. 12)
70 ml Sonnenblumenöl
Butter für das Blech

1 Backofen auf 180 °C (Umluft oder Unterhitze) vorheizen. Die Mulden des Muffinblechs einbuttern. Frische Beeren waschen und trocken tupfen (TK-Beeren rechtzeitig auftauen und abtropfen lassen.)

2 Mehl, Backpulver, Natron, Salz, Muskatnuss und Zucker in einer großen Rührschüssel vermengen. Die Banane schälen, fein pürieren und mit Ei, Buttermilch, Ahornsirup, Mandelbutter bzw. Mandelmus, Vanilleextrakt und Öl in einer zweiten Schüssel verquirlen.

3 Die Buttermilch-Ei-Mischung zur Mehlmischung geben und mit einem Teigschaber nur so lange rühren, bis gerade so ein Teig entsteht. Zuletzt die Himbeeren vorsichtig unterheben.

4 Teig in die Förmchen verteilen und im Ofen etwa 18 Minuten backen. Stäbchentest machen (s. S. 16). Dann herausnehmen und in der Form 10 Minuten abkühlen lassen. Die Muffins aus den Mulden lösen und auf einem Kuchengitter vollständig abkühlen lassen.

Zubereitung: 25 Min.
Backen: 15 Min.

Buttermilch-Apfel-Muffins

MIT ZIMTZUCKER

Inspiriert von Apfel-Cider-Donuts aus den Staaten habe ich dieses Rezept kreiert. Denn Äpfel und Zimt sind eine der schönsten Kombinationen. Als Muffin gebacken ist das einfach perfekt.

FÜR 12 MUFFINS (1 MUFFINBLECH)

Für die Muffins:
280 g Mehl
150 g Zucker
1 TL Backpulver
1 TL Natron
½ TL Salz
¼ TL frisch geriebene Muskatnuss
½ TL gemahlener Zimt
2 Eier
100 ml Buttermilch
75 ml Apfelsaft
50 ml Pflanzenöl
Butter für das Blech

Zum Garnieren:
90 g Butter
90 g Zucker
1 EL gemahlener Zimt

1 Backofen auf 180 °C (Umluft oder Unterhitze) vorheizen. Die Mulden des Muffinblechs einbuttern.

2 Für die Muffins Mehl, 150 g Zucker, Backpulver, Natron, Salz, Muskatnuss und Zimt in einer großen Rührschüssel vermengen. In einem Messbecher die Eier mit Buttermilch, Apfelsaft und Öl verquirlen.

3 Die Buttermilch-Eier-Mischung zur Mehlmischung geben und mit einem Teigschaber oder Holzlöffel nur so lange verrühren, bis gerade so ein Teig entsteht.

4 Teig gleichmäßig in die Förmchen verteilen und im Ofen etwa 15 Minuten backen. Stäbchentest machen (s. S. 16). Die Muffins aus dem Ofen nehmen und in der Form 10 Minuten abkühlen lassen. Dann aus den Mulden lösen und auf einem Kuchengitter vollständig abkühlen lassen.

5 Inzwischen zum Garnieren die Butter schmelzen. In einer kleinen Schüssel Zucker und Zimt mischen. Die Muffins rundherum mit der geschmolzenen Butter bestreichen und dann gründlich in der Zucker-Zimt-Mischung wälzen.

Zubereitung: 30 Min.
Backen: 18–20 Min.

Berliner Muffin-Puffs

Berliner Muffin-Puffs sind eine Kreuzung aus Berlinern (Krapfen) und Muffins. Genießen Sie diese Köstlichkeit – in Zucker gewälzt und mit Konfitüre gefüllt.

FÜR 12 MUFFIN-PUFFS (1 MUFFINBLECH)

Für die Muffins:
- 230 g Mehl
- 2 TL Backpulver
- ¼ TL Natron
- ¼ TL Salz
- ¼ TL frisch geriebene Muskatnuss
- 175 g Zucker
- 1 Ei
- 200 ml Buttermilch
- 1 TL Vanilleextrakt (s. S. 12)
- 70 ml Sonnenblumenöl
- Butter für das Blech

Zum Garnieren:
- 50 g Butter
- 50 g feiner Zucker
- 3–4 EL Himbeerkonfitüre (Alternativen s. u.)

1 Backofen auf 180 °C (Umluft oder Unterhitze) vorheizen. Die Mulden des Muffinblechs einbuttern.

2 Für die Muffins Mehl, Backpulver, Natron, Salz, Muskatnuss und Zucker in einer Rührschüssel vermengen. In einem hohen Messbecher Ei, Buttermilch, Vanilleextrakt und Öl verquirlen. Zur Mehlmischung geben und mit einem Teigschaber oder Holzlöffel nur so lange verrühren, bis gerade so ein Teig entsteht.

3 Teig gleichmäßig in die Förmchen verteilen und im Ofen 18–20 Minuten backen. Stäbchentest machen (s. S. 16). Herausnehmen und in der Form 10 Minuten abkühlen lassen. Dann aus den Mulden lösen und auf einem Kuchengitter vollständig abkühlen lassen.

4 Inzwischen zum Garnieren die Butter schmelzen. Den feinen Zucker auf einen Teller geben. Die Konfitüre in einen Spritzbeutel mit langer Tülle füllen. Jeden Muffin oben gründlich mit geschmolzener Butter bestreichen und im Zucker wälzen. Anschließend die Konfitüre mithilfe des Spritzbeutels jeweils in die Mitte des Gebäcks spritzen.

Create your own

Sie können die Berliner Muffin-Puffs mit fast allem füllen – verschiedenen Konfitüren, Pflaumenmus oder Haselnusscreme.

Best Brownies

Zubereitung: 25 Min.
Backen: 20 Min.

Die besten Brownies schmecken intensiv nach Schokolade, haben eine weiche Konsistenz, jedoch eine dünne Kruste. Für die Kruste ist das richtige Eier-Aufschlagen ganz wichtig!

FÜR 1 QUADRATISCHE BACKFORM (23 X 23 CM)

125 g Butter
200 g Zartbitterschokolade, gehackt
40 g ungesüßtes Kakaopulver
2 EL Olivenöl oder anderes Pflanzenöl
50 g Mehl
½ TL Backpulver
¼ TL Natron
½ TL Salz
2 Eier
150 g Zucker
1 TL Vanilleextrakt (s. S. 12)
Butter für die Form

1 Backofen auf 170 °C (Umluft oder Unterhitze) vorheizen. Backform leicht einbuttern.

2 Butter in einem kleinen Topf schmelzen. Sobald die Butter aufgelöst ist, den Topf vom Herd nehmen, die gehackte Schokolade hinzufügen und so lange unterrühren, bis sie vollständig geschmolzen ist. Diese Vorgehensweise schützt die empfindliche Schokolade vor zu viel Hitze und verhindert ein Anbrennen.

3 Kakao und Pflanzenöl gründlich unter die Schokolade rühren und beiseitestellen. Das Erhitzen des Kakaopulvers öffnet den schokoladigen Kakaogeschmack. Die Zugabe von etwas Pflanzenöl macht die Brownies wunderbar weich.

4 Mehl, Backpulver, Natron und Salz in eine Schüssel sieben. In einer weiteren Schüssel die Eier mit Zucker und Vanille mit einem Schneebesen cremig und hell aufschlagen. Schlagen Sie hier einige Minuten, bis alles schön fluffig ist. Dann die Schokomischung hinzufügen und alles gut verrühren. Das Aufschlagen der Eier mit Zucker und Vanilleextrakt gibt den Brownies die gewünschte leichte Kruste.

5 Jetzt vom Schneebesen zum Teigschaber oder Holzlöffel wechseln und die Mehlmischung vorsichtig unterheben – dabei so wenig wie möglich rühren! Den Teig in der Form verteilen und im Ofen 20 Minuten backen. Die Brownies aus dem Ofen nehmen und vollständig abkühlen lassen. Anschließend in quadratische Stückchen schneiden.

Create your own
Seite 243; das Gebäck rechts enthält Walnüsse

Blondies

Zubereitung: 30 Min.
Backen: 20–23 Min.

Hin und wieder überarbeite ich gerne alte Familienrezepte, wie diese Blondies. Seit damals hat sich einiges geändert – zum Beispiel gibt es heute Muscovadozucker in jedem gut sortierten Supermarkt zu kaufen. Das eröffnet völlig neue Möglichkeiten! Genießen Sie also diese Neuauflage meines bewährten Klassikers.

FÜR 1 QUADRATISCHE BACKFORM (23 X 23 CM)

175 g Mehl
1 TL Backpulver
½ TL Vanillesalz (s. S. 12)
180 g Butter
75 g Muscovadozucker
175 g Zucker
1½ TL Vanilleextrakt (s. S. 12)
2 Eier
Butter für die Form

1 Backofen auf 175 °C (Umluft oder Unterhitze) vorheizen. Backform leicht einbuttern. Mehl, Backpulver und Vanillesalz in einer Schüssel vermengen.

2 Butter in einem Topf schmelzen. Sobald sie geschmolzen ist, noch 3–4 Minuten weiterbräunen, bis sie eine bernsteinähnliche Farbe hat. Dann vom Herd nehmen und beide Zuckersorten einrühren. Alles in eine Rührschüssel geben, Vanilleextrakt hinzufügen und 5–10 Minuten abkühlen lassen.

3 Dann die Eier mit einem Schneebesen mehrere Minuten lang unterrühren. Zuletzt die ergänzenden Zutaten (s. Tipp) sowie die Mehlmischung mit einem Teigschaber von Hand vorsichtig unterheben – dabei nicht zu lange rühren!

4 Teig in der Form verteilen und im Ofen 20–23 Minuten backen. Stäbchenprobe machen (s. S. 16). Die Blondies aus dem Ofen nehmen und vollständig abkühlen lassen. Anschließend in quadratische Stücke schneiden und genießen.

Create your own

Vermengen Sie nach Lust und Laune noch ein oder zwei der folgenden Zutaten mit dem Teig – jeweils grob gehackt:
50–100 g Walnuss- oder Pekannusskerne
***100 g weiße Schokolade oder Milchschokolade**, grob gehackt*
***1 Daim-Riegel**, grob gehackt*
*bis zu **75 g getrocknete Kirschen** (s. Foto)*

Cookies

VERFEINERT MIT IHREN LIEBLINGSZUTATEN

Chocolate Brownie-like Cookies

ZUBEREITUNG: 25 MIN. | KÜHLEN: 5–10 MIN. | BACKEN: 10–12 MIN.

FÜR ETWA 36 COOKIES JE NACH GRÖSSE

200 g Zartbitterschokolade
200 g Butter
200 g Zucker
100 g brauner Zucker
1 TL Vanilleextrakt (s. S. 12)
225 g Mehl
1 TL Natron
1 TL Salz
90 g ungesüßtes Kakaopulver
350 g Lieblingszutaten, grob gehackt (s. u.)
3 Eier, Zimmertemperatur

1 Schokolade grob zerbrechen. Butter in einem Topf zerlassen, vom Herd nehmen und die Schokolade darin unter Rühren vollständig schmelzen. Schokomasse in eine Rührschüssel geben und beide Zuckersorten und Vanilleextrakt einrühren.

2 In einer Schüssel Mehl, Natron, Salz und Kakao vermengen. In einer zweiten Schüssel die Lieblingszutaten vermischen.

3 Eier mit einem Schneebesen nacheinander unter die Schokomasse rühren. Die Mehlmischung mit einem Teigschaber nur so lange untermischen, bis gerade so ein Teig entsteht. Lieblingszutaten vorsichtig unterrühren. Cookie-Teig im Kühlschrank 5–10 Minuten kühlen – das macht das Portionieren einfacher. Achtung: Aber nicht länger kühlen, sonst wird der Teig zu fest. Wenn Sie einen Rest erst später verwenden möchten, sollten Sie den Teig vor der Verwendung wieder Zimmertemperatur annehmen lassen.

4 Backofen auf 175 °C (Umluft oder Unterhitze) vorheizen. Zwei Backbleche mit Backpapier auslegen. Cookie-Teig mit Händen, Esslöffel oder Eisportionierer gleichmäßig portionieren, die Portionen jeweils leicht flach drücken und nebeneinander auf das Blech setzen. Achten Sie darauf, dass die Cookies die gleiche Größe haben und 4–5 cm Abstand dazwischen liegt.

5 Cookies im Ofen je nach Größe 10–12 Minuten backen. Aus dem Ofen nehmen, auf dem Backblech 10 Minuten abkühlen lassen, dann auf einem Kuchengitter vollständig abkühlen lassen.

Create your own

Wählen Sie aus den möglichen Lieblingszutaten – insgesamt sollten es ca. 350 g sein:
Weiße, Vollmilch- oder Zartbitterschokolade, getrocknete Kirschen oder Cranberrys, Walnuss-, Cashewnuss- oder Pekannusskerne

Basic Cookie-Teig

ZUBEREITUNG: 20 MIN. | KÜHLEN: 15 MIN. | BACKEN: 10–13 MIN.

FÜR ETWA 36 COOKIES JE NACH GRÖSSE

100 g Speisestärke
225 g Mehl
1 TL Natron
1 TL Salz
600 g Lieblingszutaten (s. u.)
250 g weiche Butter
200 g Zucker
170 g Muscovado- oder brauner Zucker
2 Eier
2 TL Vanilleextrakt (s. S. 12)

1 Speisestärke, Mehl, Natron und Salz in einer Schüssel vermengen. Von den Lieblingszutaten 100 g Mehl oder Flocken zur Mehlmischung hinzufügen. In einer zweiten Schüssel 500 g weitere Lieblingszutaten (Nüsse, Trockenfrüchte und Schokolade) mischen.

2 Die weiche Butter mit beiden Zuckersorten in einer Rührschüssel mit Küchenmaschine oder Handmixer cremig aufschlagen. Eier nacheinander dazugeben und unterrühren. Zuletzt Vanilleextrakt hinzufügen.

3 Die Mehlmischung nur so lange unterrühren, bis gerade ein Teig entsteht. Dann Lieblingszutaten unterheben. Den Cookie-Teig im Kühlschrank 15 Minuten durchziehen lassen – das macht das Portionieren einfacher (der Teig hält sich im Kühlschrank abgedeckt mehrere Wochen).

4 Backofen auf 175 °C (Umluft oder Unterhitze) vorheizen. Zwei Backbleche mit Backpapier auslegen. Cookie-Teig mit Händen, Esslöffel oder Eisportionierer gleichmäßig portionieren, die Portionen jeweils leicht flach drücken und nebeneinander auf das Blech setzen. Achten Sie darauf, dass die Cookies die gleiche Größe haben und 4–5 cm Abstand dazwischen liegt.

5 Cookies im Ofen 10–13 Minuten backen – je nach Größe der Cookies. Aus dem Ofen nehmen und auf dem Backblech 10 Minuten abkühlen lassen. Dann die Cookies auf einem Kuchengitter vollständig abkühlen lassen.

Wählen Sie 600 g der folgenden Lieblingszutaten:

100 g: *zarte oder kernige Haferflocken, Vollkornweizenmehl, Müslimischung oder Nussmehl (fein gemahlene Nusskerne, leicht angeröstet)*

200–300 g: *grob gehackte Nüsse und/oder Trockenfrüchte wie Walnuss-, Haselnuss-, Pekannuss-, Macadamianusskerne oder Kokosraspel, getrocknete Kirschen, Cranberrys, Datteln oder Feigen.*

200–300 g: *grob gehackte Schokolade, wie Zartbitter-, Vollmilch-, weiße Schokolade, Daim-Schokoriegel*

LUFTIG LEICHT · LUFTIG LEICHT · LUFTIG LEICHT ·

Genoise, Chiffon & mehr

TANZEN, BACKEN & ENERGIE: WIE ICH ALLES MITEINANDER VERBINDE

Ich werde oft gefragt, wie mein Weg verlief – vom professionellen Tanzen, über Kaffeerösten, bis hin zu Live-Backshows im TV. Von außen betrachtet gibt es da scheinbar keinen Bezug. Doch aus meiner Sicht steht alles in enger Verbindung.

Meine beiden Karrieren begannen, als ich drei Jahre alt war und über imaginäre Pfützen in der Tanzklasse hüpfte – mit einem Chocolate Chip Cookie in der Hand. Von da an tanzte und backte ich mich durch mein Leben. Mitte der 1980er-Jahre zog ich von Amerika nach Berlin – nicht mit einem Cookie, sondern einem Diplom in der Hand – und tanzte in einer Tanz-Company. Die Schwangerschaft mit meinem ersten Kind brachte ein solches Heimweh mit sich, dass ich meiner zweiten Leidenschaft wieder mehr Aufmerksamkeit schenkte: dem Backen!
Denn Gebäck hatte eine emotionale Bedeutung und weckte in mir Erinnerungen an meine Heimat. Ich de-mystifizierte jedes Gebäck, um es in seine Einzelteile zu zerlegen und neu zu erschaffen. Es war wie das Lernen, Verstehen und Verinnerlichen einer komplexen Choreografie. Dies ist die Verbindung zwischen dem Tanzen und Backen für mich, der ich immer wieder begegne. Einen klassischen Kuchen wie einen Genoise zu backen, ist wie das Ballett beim Tanzen: Die Grundlage, auf der so viele Variationen basieren. Man muss die Techniken beherrschen, um erfolgreich einen Genoise zu backen, ein Verständnis haben für Temperaturen (Eier), die Geschwindigkeit (Eier mit Zucker aufschlagen), die Bewegungen (das sanfte Unterheben der trockenen Zutaten), die Energie (mehr oder weniger tun) – all das bringt Sie zum Erfolg. Mittlerweile tanze ich nur noch in der Küche.

Genoise, Chiffon & mehr

SCHLÜSSEL ZUM ERFOLG

Wir verlassen den Blitzkuchen und ziehen bei unserem Back-Abenteuer weiter zu den etwas aufwendigeren und raffinierteren Kuchen wie Genoise, Sponge-Cakes, Biskuitkuchen und Chiffon-Cakes. Bei ihnen hat der Backerfolg mit Verständnis und Umsetzung bestimmter Techniken zu tun. Mit meinen Tipps an der Hand wird Ihnen alles optimal gelingen.

Ein Genoise – auch als Wiener Masse bekannt – ist eine Art Biskuit, bei dessen Zubereitung ganze Eier mit Zucker über einem Wasserbad aufgeschlagen werden. Benannt ist er nach der italienischen Stadt Genua und er steht für eine besondere Biskuit-Disziplin, die in keinem Repertoire fehlen darf. Dazu gehören auch Sponge-Cakes, die englische Version des Biskuits, und nicht zuletzt Chiffon- oder Angel-Food-Cakes, besonders luftige Schaumkuchen.
All diese Teige haben gemeinsam, dass die benötigte Triebkraft durch manuelle Techniken des Bäckers erreicht wird und nicht ausschließlich (oder gar nicht) durch Backtriebmittel.
Folgende Schlüssel zum Erfolg müssen daher bei dieser Art von Kuchen unbedingt beachtet werden:

5 WICHTIGE TIPPS FÜR GENOISE, SPONGE-CAKES, BISKUITKUCHEN UND CHIFFON-CAKES:

1. ESSIG UND SALZ SIND DIE BESTEN FREUNDE VON EIWEISS!
Ich liebe es Eiweiß aufzuschlagen, bis es ein wenig an Rasierschaum erinnert. Und hier ist meine geling-sichere Methode:
• Stellen Sie die Rührschüssel – Edelstahl ist besser als Kunststoff, da dieser porös ist – und die Küchenmaschine oder den Handmixer mit Quirlen bzw. Schneebesen bereit.
• Geben Sie etwa ½ TL hellen Essig oder Zitronensaft in die Schüssel, gefolgt von ⅛ TL Salz.
• Nehmen Sie ein Stück Küchenpapier und wischen Sie die Schüssel und die Quirle mit der Essig-Salz-Mischung aus. Jetzt bloß nicht auswaschen! Mit der **Essig-Salz-Methode** können Sie zum einen absolut sicher sein, dass nun alles fettfrei ist. Gleichzeitig stabilisieren Säure und Salz das Eiweiß und verhindern, dass es beim Steifschlagen grießig wird.
• Für das Einarbeiten des aufgeschlagenen Eiweißes nehmen Sie am besten einen Teigschaber zum sanften Unterheben zur Hand. So wird das Eiweiß vorsichtig untergehoben, verliert keine Luft und der Teig bleibt luftig. Lockern Sie zuerst den Teig auf, indem Sie ein Drittel des Eiweißes gründlich einarbeiten.

• Erst im zweiten Schritt heben Sie das restliche Eiweiß unter den Teig.

2. SIEBEN, SIEBEN, SIEBEN!

Bei diesem Kapitel geht es um luftige Kuchen – deshalb müssen alle trockenen Zutaten wie Mehl, Stärke, Salz und Zucker gesiebt werden! Nehmen Sie dazu ein Feinsieb oder Einhandsieb.
Für einen Angel-Food- oder Chiffon-Cake können Sie niemals zu viel sieben. Meine Mentoren – also meine Groß- und Urgroßmutter – würden die Zutaten bis zu sieben Mal sieben! Ich bitte Sie: Machen Sie mindestens drei Durchgänge!

3. EIER UND ZUCKER AUFSCHLAGEN BIS ZUM »RIBBON STAGE«

Beim Genoise werden die ganzen Eier mit dem Zucker so lange aufgeschlagen, bis sie das sogenannte Ribbon Stage erreicht haben, bis die Masse dick, cremig und hell ist und beim Herausziehen der Rührstäbe dicke Bänder (ribbons) bildet, die formfest sind.
Die Eier auf dem Wasserbad aufzuschlagen, ist der wichtigste Schlüssel zum Erfolg. Denn Eier erreichen ein größeres Volumen, wenn sie warm sind.
• Nehmen Sie dazu einen Topf der breit genug ist, um die Rührschüssel auf dem Rand schwebend über dem Wasser zu platzieren.
• Geben Sie Wasser in den Topf und lassen Sie dieses nur leicht simmern.
• Geben Sie die Eier und den Zucker in die Rührschüssel und schlagen Sie diese 5 Minuten über dem simmernden Wasser auf. Dabei darauf achten, dass kein Wasser in die Schüssel kommt.
• Nun die Rührschüssel vom Wasserbad nehmen (Achtung, die Schüssel ist heiß).
• Jetzt die Masse weitere 5 Minuten ohne Wasserbad cremig, dick und hell aufschlagen.

4. BACKFORM RICHTIG VORBEREITEN

Buttern Sie niemals eine Angel-Food- oder eine Chiffon-Cake-Backform ein! Das verhindert, dass der Kuchen an den Seiten haften bleibt und daran hochklettern kann, um seine majestätische Höhe zu erreichen.
Bei Genoise müssen die Seiten der Backform auch nicht eingebuttert sein, der Boden aber auf jeden Fall. Hierzu können Sie auch ein zugeschnittenes Stückchen Backpapier auf den Boden der Backform legen und leicht einbuttern und mehlieren. So lässt sich der Biskuit perfekt aus der Form lösen.

5. ABKÜHLEN ÜBER KOPF UND ABKÜHLEN GANZ ALLGEMEIN

Angel-Food- und Chiffon-Kuchen sind luftige Kuchen, die in einer speziellen Backform mit hohen Seiten und einem Kegel in der Mitte gebacken werden. Nach dem Backen werden diese Kuchen umgedreht, um die Schwerkraft zu nutzen und der Struktur des Kuchens zu helfen, seine Höhe zu erhalten (s. S. 70). Wenn der Kuchen vollständig abgekühlt ist – das dauert ca. 3 Stunden – einfach mit einem scharfen Messer entlang des Randes fahren und den Kuchen von der Form lösen.

Bitte beachten Sie für alle Kuchen in diesem Kapitel: Lassen Sie den Biskuit immer bei Raumtemperatur ganz langsam abkühlen. Nur so bleibt ein Biskuit stabil genug zum Weiterverarbeiten.

UND NOCH EIN SACHE: GENOISE MIT ODER OHNE BUTTER

Ein Genoise enthält traditionell keine Butter. Für eine feinere Textur ist allerdings ein bisschen Butter optimal. Hier gibt es zwei Varianten:
• Lassen Sie die Butter schmelzen und leicht abkühlen. Geben Sie ein paar Löffel des fertigen Teigs unter die Butter und fügen Sie dann diese Butter-Teig-Mischung ganz langsam und vorsichtig zum restlichen Teig hinzu.
• Oder Sie geben die geschmolzene Butter zum Schluss unter die Eier-Mehl-Mischung, indem Sie sie am Schüsselrand entlang gießen. So kommt die Butter sanft – fast heimlich – mit in den Teig.
• Achtung: Passen Sie immer auf, dass Sie zu diesem Zeitpunkt nicht mehr zu viel und zu kräftig rühren, damit das Volumen der Eier nicht verfällt.

Create your own
Seite 244

Zubereitung: 20 Min.
Backen: 25–30 Min.

Genoise

GRUNDREZEPT

FÜR 1 RUNDE BACKFORM MIT 23 CM Ø
80 g Mehl
20 g Speisestärke
¼ TL Salz
100 g Zucker
4 Eier, Zimmertemperatur (s. S. 10)
1 TL Vanilleextrakt (s. S. 12)
40 g Butter (nach Belieben, s. S. 68)
Butter und Mehl für die Form

1 Backofen auf 180 °C (Umluft oder Unterhitze) vorheizen. Boden der Form leicht einbuttern und mit Mehl ausstäuben. Das überschüssige Mehl herausklopfen. Mehl, Speisestärke und Salz in eine Schüssel sieben.

2 Zucker und Eier mit einem Schneebesen von Hand in einer weiteren Schüssel über einem Wasserbad 5 Minuten aufschlagen, bis die Masse cremig, dick und hell ist. Dann die Schüssel vom Wasserbad nehmen, zum Handrührgerät oder der Küchenmaschine wechseln und die Masse weitere 5 Minuten schlagen, bis alles hell und cremig ist. Am Ende Vanilleextrakt hinzufügen.

3 Anschließend die gesiebte Mehlmischung über die Eiermasse sieben und mit einem Teigschaber von Hand vorsichtig unterheben – Sie wollen das Volumen der Eier nicht zerstören. (Falls Sie Butter für einen feineren Teig hinzufügen, bitte S. 68 beachten!)

4 Die Biskuitmasse in der Form verteilen und im Ofen auf der mittleren Schiene 25–30 Minuten backen. Der Biskuit ist fertig, sobald er leicht zurückfedert, wenn man mit einem Finger darauftippt. Aus dem Ofen nehmen und in der Form 5 Minuten abkühlen lassen. Dann mit einem schmalen Messer am Rand der Backform entlangfahren, um den Biskuit abzulösen. Nach 10 Minuten den Kuchen auf ein Kuchengitter stürzen und vollständig abkühlen lassen.

Zubereitung: 30 Min.
Backen: 50–55 Min.

Chiffon-Cake

GRUNDREZEPT

FÜR 1 ANGEL-FOOD-BACKFORM (10 CM HÖHE, 25 CM Ø)

100 g Speisestärke
200 g Mehl
200 g Zucker
2 TL Backpulver
½ TL Natron
½ TL Salz
6 Eigelb
120 ml Pflanzenöl
150 ml frisch gepresster Orangensaft (oder eine Kombination aus Orangensaft und Wasser)
je 1 TL fein abgeriebene Bio-Orangen- und -Zitronenschale
8 Eiweiß
1 Prise Salz
60 g Zucker
Puderzucker zum Bestäuben

1 Backofen auf 165°C (Umluft oder Unterhitze) vorheizen. Die Backform bereitstellen (nicht einbuttern). Speisestärke, Mehl, 200 g Zucker, Backpulver, Natron und ½ TL Salz mehrmals (ich empfehle drei Durchgänge) in eine Rührschüssel sieben. Eigelbe mit Öl, Saft und Zitrusschale in einer zweiten Schüssel verrühren und zur Mehlmischung geben, alles mit einem Teigschaber von Hand verrühren.

2 Eiweiße in einer sauberen Schüssel (s. S. 66 Essig-Salz-Methode) langsam aufschlagen, 1 Prise Salz hinzufügen und die Geschwindigkeit erhöhen. Sobald das Eiweiß Spitzen bildet, langsam 60 g Zucker unter weiterem Schlagen einrieseln lassen. Die Eiweißmasse ist fertig, sobald sie steif ist.

3 Ein Drittel vom Eiweiß mit einem Teigschaber von Hand in den Teig einarbeiten, um die Masse aufzulockern. Dann das restliche Eiweiß ganz vorsichtig unterheben. Achten Sie darauf, dass Sie hier nicht zu viel mischen, sonst verliert das Eiweiß die Luft. Ein paar weiße Flecken können schon bleiben.

4 Die Masse in der Form verteilen und die Oberfläche glatt streichen. Die Backform einmal auf die Arbeitsfläche klopfen, um mögliche Luftbläschen zu entfernen. Den Kuchen im unteren Drittel des Ofens 50–55 Minuten backen. Dabei nach 30 Minuten die Farbe prüfen und den Kuchen bei Bedarf mit Backpapier abdecken, damit er nicht zu stark bräunt. Er ist fertig, sobald er leicht zurückfedert, wenn man mit einem Finger darauftippt.

5 Den Kuchen aus dem Ofen nehmen, die Form stürzen und den Kuchen kopfüber in der Form mehrere Stunden abkühlen lassen. Dann mithilfe eines dünnen Messers aus der Form lösen und mit etwas Puderzucker bestreut servieren.

Create your own
Seite 245

Genoise mit Buttercreme

& KIRSCHFÜLLUNG

Zubereitung: 15 Min.
Backen: 30 Min.

Dies ist eine der klassischsten Kombinationen, die ich Ihnen in meinem Buch zeige. Denn manchmal sind gute Dinge einfach zeitlos – und jetzt wissen Sie auch warum.

FÜR 2 RUNDE BACKFORMEN (23 CM Ø)

Für die Böden:
2 Rezepte klassischer heller Genoise (s. S. 69)

Für Füllung und Topping:
1 Rezept Seidige Buttercreme (s. S. 229)
1 Rezept Kirsch-Topping als Füllung (s. S. 234)

1 Für die Torte 2 Genoise-Böden wie auf S. 69 herstellen, aus der Form lösen und abkühlen lassen.

2 Inzwischen für Füllung und Topping die seidige Buttercreme wie auf S. 229 beschrieben und das Kirsch-Topping wie auf S. 234 beschrieben herstellen.

3 Zum Zusammensetzen jeden Boden waagerecht halbieren, sodass Sie vier Bodenhälften haben. Dann den ersten halben Boden mit Buttercreme bestreichen und die Hälfte der Kirschfüllung darauf verteilen. Die zweite Bodenhälfte daraufsetzen und mit Buttercreme bestreichen. Nun die dritte Bodenhälfte auflegen, mit Buttercreme bestreichen und die restliche Kirschfüllung darauf verteilen. Den letzten halben Tortenboden daraufsetzen und leicht andrücken.

4 Die Torte mit der restlichen Buttercreme überziehen.

TIPP

Falls gewünscht, können Sie die einzelnen Böden vor dem Zusammensetzen mit Läuterzucker bestreichen. Dafür einfach 120 ml Wasser mit 120 g Zucker und 1 EL Likör oder Vanilleextrakt kurz aufkochen und die Böden damit beträufeln.

Zubereitung: 30 Min.
Backen: 25–30 Min.

Schokoladen-Genoise

MIT GANACHE

glutenfrei

Wenn Sie eine glutenfreie Version backen möchten, ersetzen Sie das Mehl durch die gleiche Menge Reisstärke.

FÜR 2 RUNDE BACKFORMEN (23 CM Ø)

Für die Böden:
120 g Mehl
50 g Speisestärke
80 g ungesüßtes Kakaopulver
½ TL Salz
10 Eier, Zimmertemperatur (s. S. 10)
250 g Zucker
2 TL Vanilleextrakt (s. S. 12)
70 g geschmolzene Butter
Butter und Mehl für die Formen

Für Füllung und Topping:
1 Rezept Ganache (s. S. 226)

1 Backofen auf 175 °C (Umluft oder Unterhitze) vorheizen. Formen leicht einbuttern und mit Mehl ausstäuben. Das überschüssige Mehl herausklopfen. Für den Boden Mehl, Speisestärke, Kakaopulver und Salz in eine Schüssel sieben.

2 Nun die Eier mit dem Zucker über einem Wasserbad (s. S. 68) 5 Minuten aufschlagen – bis die Masse cremig, dick und hell ist. Vom Wasserbad nehmen und weitere 5 Minuten cremig aufschlagen. Am Ende den Vanilleextrakt hinzufügen.

3 Die gesiebte Mehlmischung über die Eiermasse sieben und von Hand vorsichtig unterheben – dabei das Volumen der Eier nicht zerstören. Zuletzt die Butter zugeben (s. S. 68).

4 Die Masse in den Formen verteilen und im Ofen auf der mittleren Schiene 25–30 Minuten backen. Die Biskuits sind fertig, sobald sie leicht zurückfedern, wenn man mit einem Finger darauftippt. Aus dem Ofen nehmen und in den Formen 5 Minuten abkühlen lassen. Dann mit einem schmalen Messer am Rand der Backformen entlangfahren, um die Kuchen abzulösen. Nach 10 Minuten die Kuchen auf ein Kuchengitter stürzen und vollständig abkühlen lassen.

5 Die Biskuits mit der Ganache füllen und überziehen.

Zubereitung: 15 Min.
Backen: 55 Min.

Chiffon-Torte

MIT 7-MINUTEN-FROSTING

Der leichteste und luftigste Kuchen, den es gibt. Köstlich mit dem 7-Minuten-Frosting oder mit ein paar Beeren serviert. Dies ist einer meiner Lieblingskuchen!

FÜR 1 ANGEL-FOOD-BACKFORM (10 CM HÖHE, 25 CM Ø)

Für die Torte:
1 Rezept Chiffon-Cake (s. S. 70)

Für das Topping:
1 Rezept 7-Minuten-Frosting (s. S. 224)

1 Für den Kuchen den Chiffon-Cake wie auf S. 70 beschrieben zubereiten und in der Form kopfüber mehrere Stunden abkühlen lassen.

2 Inzwischen für das Topping das 7-Minuten-Frosting wie auf S. 224 beschrieben herstellen.

3 Den Chiffon-Cake auf eine Kuchenplatte stürzen und mit dem Frosting rundherum locker überziehen. Anschließend die Spitzen des Frostings mit einem Flambierbrenner vorsichtig bräunen. (Alternativ können Sie den überzogenen Kuchen auch im auf 200 °C vorgeheizten Ofen 5 Minuten bräunen – dabei aber darauf achten, dass die Eiweißmasse nicht zu dunkel wird.)

TIPP

Die Chiffon-Masse eignet sich auch prima für Cupcakes. Für 12 Stück brauchen Sie ½ Rezept Chiffon-Cake.

Zubereitung: 35 Min.
Backen: 55 Min.

Schokoladen-Chiffon-Torte

MIT FROSTING

Dieses Rezept beweist, dass ein Schokoladenkuchen keinesfalls schwer sein muss, um köstlich zu sein. Ich zeige Ihnen hier eine leichte Version! Auch nur mit etwas Puderzucker garniert ein wahrer Genuss.

FÜR 1 ANGEL-FOOD-BACKFORM (10 CM HÖHE, 25 CM Ø)

Für die Torte:

50 g Zartbitterschokolade
180 ml heißer Kaffee oder heißes Wasser
2 TL Vanilleextrakt (s. S. 12)
200 g Zucker
140 g Mehl
30 g Speisestärke
30 g ungesüßtes Kakaopulver
1 TL Backpulver
½ TL Natron
½ TL Salz
7 Eier, getrennt
100 ml Pflanzenöl
1 Prise Salz
100 g Zucker

Für das Topping:

1 Rezept 7-Minuten-Frosting (s. S. 224)

1 Backofen auf 165 °C (Umluft oder Unterhitze) vorheizen. Backform bereitstellen (nicht einbuttern). Für den Chiffon-Cake die Schokolade grob hacken, in einer Schüssel mit dem heißen Kaffee oder Wasser übergießen und unter Rühren vollständig schmelzen lassen. Vanilleextrakt hinzufügen. 200 g Zucker, Mehl, Speisestärke, Kakao, Backpulver, Natron und ½ TL Salz mehrmals in eine weitere Rührschüssel sieben. Eigelbe mit Öl und Schokoladenmischung verrühren, Mehlmischung mit einem Teigschaber von Hand vorsichtig unterheben.

2 Eiweiße in einer sauberen Schüssel (s. S. 66 Essig-Salz-Methode) langsam aufschlagen, 1 Prise Salz hinzufügen und die Geschwindigkeit erhöhen. Sobald das Eiweiß Spitzen bildet, beim Aufschlagen langsam 100 g Zucker einrieseln lassen. Die Eiweißmasse ist fertig, sobald sie steif ist. Zuerst ein Drittel vom Eiweiß mit einem Teigschaber unter den Teig rühren. Dann das restliche Eiweiß mit dem Teigschaber von Hand vorsichtig unterheben.

3 Die Masse in der Form verteilen und kurz auf die Arbeitsfläche klopfen. Den Kuchen im unteren Drittel des Ofens etwa 55 Minuten backen. Der Biskuit ist fertig, sobald er zurückfedert, wenn man mit dem Finger darauftippt.

4 Den Kuchen aus dem Ofen nehmen, die Form stürzen und den Kuchen kopfüber in der Form mehrere Stunden abkühlen lassen (s. Foto S. 70). Dann aus der Form lösen und auf eine Kuchenplatte setzen.

5 Für das Topping das 7-Minuten-Frosting wie auf S. 224 beschrieben herstellen. Den Biskuit rundherum mit dem Frosting ummanteln.

Naked Cake

MIT BEERENTOPPING

Zubereitung: 30 Min.
Backen: 25 Min.

Beim typischen Sponge-Cake werden – ebenso wie beim klassischen Genoise – die Eier mit Zucker über einem Wasserbad aufgeschlagen. Durch die Zugabe von Milch und Butter erhält der Kuchen eine weiche, feine Textur – und eignet sich wunderbar für Torten mit fruchtigem Topping, Füllung oder Frosting.

FÜR 2 RUNDE BACKFORMEN (15 CM Ø)

Für den Biskuit:

115 ml Milch
55 g Butter
75 g Mehl
45 g Speisestärke
1 TL Backpulver
¼ TL Salz
2 Eier, Zimmertemperatur
160 g Zucker
Butter und Mehl für die Formen

Für das Topping:

1 Rezept Swiss Meringue Buttercreme (s. S. 228)
gemischte frische Beeren
essbare Blüten, nach Belieben

1 Den Backofen auf 175 °C (Umluft oder Unterhitze) vorheizen. Die Backformen einbuttern und mit Mehl ausstäuben. Für den Biskuit die Milch leicht erwärmen und die Butter darin schmelzen lassen. Vom Herd nehmen und beiseitestellen. Mehl, Speisestärke, Backpulver und Salz in eine Schüssel sieben. Eier mit dem Zucker 5 Minuten über einem Wasserbad aufschlagen, bis die Masse cremig, dick und hell ist. Vom Wasserbad nehmen und weitere 5 Minuten cremig aufschlagen.

2 Die Hälfte der Mehlmischung über die Eiermasse sieben und mit einem Teigschaber leicht unterheben. Die Milch-Butter-Mischung dazugießen und alles vorsichtig unterrühren. Dann die restliche Mehlmischung darübersieben und unterheben. Der Teig ist relativ flüssig, das ist richtig so.

3 Teig auf die Backformen verteilen und im Ofen auf der mittleren Schiene 25 Minuten backen. Stäbchentest machen (s. S. 16). Herausnehmen und in den Formen 5 Minuten abkühlen lassen. Dann mit einem schmalen Messer am Rand der Backformen entlangfahren, um den Kuchen abzulösen. Auf ein Kuchengitter stürzen und vollständig abkühlen lassen.

4 Für das Topping die Buttercreme wie auf S. 228 beschrieben herstellen. Beeren verlesen, waschen und trocken tupfen.

5 Jeden Boden waagerecht mit einem Sägemesser halbieren. Einen Boden mit etwas Buttercreme bestreichen. Die zweite Hälfte auflegen und ebenfalls mit Buttercreme bestreichen. Nochmals wiederholen. Die letzte Hälfte daraufsetzen und leicht andrücken. Die Torte rundherum mit der restlichen Buttercreme überziehen und oben mit Beeren und Blüten verzieren.

TIPP

Bestreichen Sie die einzelnen Böden vor dem Zusammensetzen noch mit Läuterzucker *(s. S. 72).*

Biskuitroulade

MIT ERDBEEREN & SCHLAGSAHNE

Zubereitung: 40 Min.
Kühlen: 2 Std.
Backen: 8–10 Min.

Dieser Rouladenbiskuit mit warmer Milch eignet sich als Basis für viele wunderbare Rouladen-Varianten. Meine Vorschläge für Füllung und Frostings finden Sie auf S. 244 – hier meine klassische Variante mit Erdbeeren und Schlagsahne als Füllung.

FÜR 1 BACKBLECH (35 X 40 CM)

Für den Biskuit:

60 ml Milch
30 g Butter
5 Eier, Zimmertemperatur
150 g Zucker
1 TL Vanilleextrakt (s. S. 12) oder fein abgeriebene Bio-Zitronenschale
75 g Mehl
30 g Speisestärke
1 TL Backpulver
¼ TL Salz
75 g Puderzucker zum Bestäuben
Butter und Mehl für das Blech
Puderzucker, gesiebt, für das Küchentuch

Für die Füllung:

200 g Sahne
250 g Erdbeeren, gewaschen und in Scheiben geschnitten

1 Backofen auf 195 °C (Umluft oder Unterhitze) vorheizen. Ein Backblech einbuttern, mit Backpapier auslegen, ebenfalls einbuttern und mit Mehl bestäuben.

2 Für den Biskuit in einem kleinen Topf die Milch erwärmen und die Butter darin unter Rühren schmelzen lassen. Topf vom Herd nehmen. Eier mit dem Zucker in einer Schüssel mit Küchenmaschine oder Handmixer etwa 10 Minuten aufschlagen (s. S. 68), bis die Masse cremig, dick und hell ist. Am Ende Vanilleextrakt oder Zitronenschale hinzufügen.

3 Mehl, Speisestärke, Backpulver und Salz zweimal in eine Rührschüssel sieben. Die Hälfte der Mehlmischung über die Eiermasse sieben und mit einem Teigschaber vorsichtig unterheben. Dann die Milch-Butter-Mischung unterrühren, zuletzt die übrige Mehlmischung unterheben.

4 Die Biskuitmasse gleichmäßig auf dem Backblech verteilen. Dabei darauf achten, dass die Seiten die gleiche Höhe haben wie die Mitte, damit der Biskuit gleichmäßig backt und die Seiten nicht brüchig werden.

5 Den Biskuit 8–10 Minuten backen. Er ist fertig, sobald er leicht zurückfedert, wenn man mit einem Finger darauftippt. Ein sauberes Küchentuch gleichmäßig mit Puderzucker bestäuben. Dieses brauchen Sie sofort, wenn der Kuchen aus dem Ofen kommt. Den Biskuit samt Backpapier sofort auf das vorbereitete Küchentuch stürzen, das Backpapier abziehen und den Biskuit mithilfe des Handtuchs aufrollen. Mindestens 2 Stunden im Handtuch aufgerollt auf einem Kuchengitter abkühlen lassen. Vorsichtig entrollen.

6 Für die Füllung die Sahne steif schlagen, die Roulade damit bestreichen, mit den Erdbeeren belegen und wieder aufrollen.

Zubereitung: 45 Min.
Kühlen: 2 Std.
Backen: 8 Min.

Schoko-biskuitroulade

MIT BAISER-KIRSCH-FÜLLUNG

Als Amerikanerin bin ich mit diesem Kuchen aufgewachsen – man kannte ihn bei uns als »Ho Ho«. In Erinnerung daran habe ich meine Version mit Kirschen daraus kreiert.

FÜR 1 BACKBLECH (35 X 40 CM)

Für den Biskuit:
- 50 g Zartbitterschokolade
- 75 ml Milch
- 1 EL ungesüßtes Kakaopulver
- 1 TL Vanilleextrakt (s. S. 12)
- 1 EL Pflanzenöl
- 5 Eier, Zimmertemperatur (s. S. 10)
- 125 g Zucker
- 60 g Reisstärke, Kastanienmehl oder Mehl
- 40 g ungesüßtes Kakaopulver
- 1 TL Backpulver
- ¼ TL Salz
- Butter für das Blech
- 2 EL ungesüßtes Kakaopulver für Blech und Küchentuch

Für die Füllung:
- 1 Rezept Kirsch-Topping (s. S. 234)
- 2 Eiweiß
- 75 g Zucker

1 Backofen auf 190 °C (Umluft oder Unterhitze) vorheizen. Ein Backblech einbuttern, mit Backpapier auslegen, dieses ebenfalls einbuttern und mit 1 EL gesiebtem Kakao bestäuben.

2 Für den Biskuit Schokolade grob hacken. In einem kleinen Topf die Milch erwärmen, Topf vom Herd nehmen und die Schokolade in der Resthitze des Topfes unter Rühren schmelzen. 1 EL Kakao, Vanilleextrakt und Pflanzenöl dazugeben und unterrühren. Eier mit dem Zucker 10 Minuten aufschlagen, bis die Masse cremig, dick und hell ist.

3 Reisstärke oder Mehl mit 40 g Kakaopulver, Backpulver und Salz in eine Schüssel sieben. Sobald die Eier fest-cremig aufgeschlagen sind, die Hälfte der Kakaomischung darübersieben und mit einem Teigschaber vorsichtig unterheben. Ein Viertel der Eiermasse unter die Milch-Schokoladen-Mischung rühren, um diese aufzulockern. Mischung zurück zur Eiermasse geben und vorsichtig unterheben. Restliche Kakaomischung darübersieben und vorsichtig unterheben.

4 Masse gleichmäßig auf dem Backblech verteilen. Biskuit im Ofen 8 Minuten backen. Er ist fertig, sobald er leicht zurückfedert, wenn man mit einem Finger darauftippt. Ein sauberes Küchentuch mit Backpapier auslegen und mit 1 EL Kakaopulver bestäuben. Den Biskuit samt Backpapier sofort auf das vorbereitete Küchentuch stürzen, Backpapier abziehen und den Biskuit mindestens 2 Stunden abkühlen lassen. Nicht aufrollen!

→

5 Inzwischen für die Füllung das Kirsch-Topping wie auf S. 234 beschrieben herstellen und darauf achten, dass die Masse vollständig abgekühlt ist.

6 Für das Baiser Eiweiße und Zucker mit einem Schneebesen von Hand über dem Wasserbad 3 Minuten aufschlagen. Vom Wasserbad nehmen und mit Küchenmaschine oder Handmixer 6 Minuten kräftig aufschlagen. Das Baiser mit einer Palette längs auf dem Biskuit verteilen, dabei am oberen Ende etwa 8 cm frei lassen. Die Kirschen daraufgeben und den Schokoladenbiskuit mithilfe des Küchentuchs vorsichtig aufrollen.

Zubereitung: 60 Min.
Kühlen: 2 Std.
Backen: 12–14 Min.

Kürbis-Biskuitroulade

MIT FRISCHKÄSEFÜLLUNG

FÜR 1 BACKBLECH (35 X 40 CM)

Für den Biskuit:

1 kleiner Hokkaido-Kürbis
135 g Mehl
¾ TL Natron
¾ TL Backpulver
½ TL Salz
1½ TL gemahlener Zimt
1½ TL Ingwerpulver
¼ TL frisch geriebene Muskatnuss
1 Prise Nelkenpulver
4 Eier, Zimmertemperatur
220 g Zucker
1 TL Vanilleextrakt (s. S. 12)
Butter und Mehl für das Blech
30 g Puderzucker, gesiebt, für das Küchentuch

Für die Füllung:

175 g Frischkäse
100 g weiche Butter
200 g Puderzucker, gesiebt
Puderzucker zum Bestäuben

1 Den Kürbis klein schneiden und die Kerne entfernen. Die Kürbisstücke in wenig Wasser in etwa 20 Minuten weich kochen. Abtropfen lassen, pürieren und das Püree in einem Feinsieb nochmals gut abtropfen lassen. 200 g abnehmen, den Rest zum späteren Gebrauch einfrieren.

2 Backofen auf 180 °C (Umluft oder Unterhitze) vorheizen. Ein Backblech einbuttern, mit Backpapier auslegen, dieses ebenfalls einfetten und mit Mehl bestäuben. Gut abklopfen! Ein sauberes Küchentuch mit reichlich Puderzucker bestäuben.

3 Mehl, Natron Backpulver, Salz und Gewürze in eine Schüssel sieben und beiseitestellen. Eier mit dem Zucker in einer zweiten Schüssel 5 Minuten aufschlagen. Vanilleextrakt und Kürbispüree dazugeben und 1 Minute weiterschlagen. Die Mehl-Gewürz-Mischung mit einem Teigschaber vorsichtig unterheben.

4 Die Masse gleichmäßig auf dem Backblech verteilen. Dabei darauf achten, dass die Seiten die gleiche Höhe haben wie die Mitte. Den Biskuit im Ofen 12–14 Minuten backen. Er ist fertig, sobald er leicht zurückfedert, wenn man mit einem Finger darauftippt. Sofort auf das vorbereitete Küchentuch stürzen. Vorsichtig das Backpapier abziehen. Biskuit locker und gleichmäßig im Tuch aufrollen, auf einem Kuchengitter 2 Stunden gut abkühlen lassen. (Bitte nicht in den Kühlschrank stellen, dann bricht er!)

5 Für die Füllung Frischkäse und Butter cremig aufschlagen. Puderzucker dazugeben und einige Minuten kräftig aufschlagen, bis eine leichte und fluffige Masse entsteht. Wenn der Biskuit vollständig abgekühlt ist, vorsichtig vom Tuch abrollen. Gleichmäßig mit der Füllung bestreichen, wieder aufrollen und kühl stellen. Vor dem Servieren leicht mit Puderzucker bestäuben.

Madeleines

Zubereitung: 20 Min.
Kühlen: 1 Std.
Backen: 9 Min.

Sie sehen komplizierter aus, als sie sind. Probieren Sie es einfach mal aus! Ein Vorteil des Teigs ist, dass Sie ihn längere Zeit im Kühlschrank bis zum Einsatz »parken« können. Durch die Backform erhalten die Madeleines ihre typische Form.

FÜR 32 STÜCK (2 MADELEINE-FORMEN)

180 g Mehl
1 TL Backpulver
½ TL Vanillesalz (s. S. 12)
4 Eier, Zimmertemperatur
145 g Zucker
1 TL Vanilleextrakt (s. S. 12)
fein abgeriebene Schale von 1 Bio-Zitrone
145 g Butter, geschmolzen und abgekühlt
Butter und Mehl für die Formen
Puderzucker zum Bestäuben

1 Mehl, Backpulver und Vanillesalz mehrmals in eine Schüssel sieben. Mit Küchenmaschine oder Handmixer Eier mit Zucker 5–8 Minuten aufschlagen, bis die Masse cremig, dick und hell ist. Dann Vanilleextrakt und Zitronenschale hinzufügen und unterrühren.

2 Die Mehlmischung über die Eiermasse sieben und mit einem Teigschaber vorsichtig unterheben, bis alles gut vermengt ist. Jetzt die abgekühlte Butter unterheben, dabei nicht zu lange rühren! Den Teig zugedeckt im Kühlschrank 1 Stunde (max. 2 Tage) ruhen lassen.

3 Backofen auf 195 °C (Umluft oder Unterhitze) vorheizen. Die Madeleine-Formen leicht einbuttern und mit Mehl ausstäuben. (Sie können auch ein Blech für Mini-Muffins verwenden.) Den Teig mit einem Esslöffel gleichmäßig in der Form verteilen und im Ofen etwa 9 Minuten backen.

4 Die Madeleines aus dem Ofen nehmen, aus der Backform lösen und auf einem Kuchengitter abkühlen lassen. Sobald sie abgekühlt sind, mit Puderzucker bestäuben.

Meine Tipps für Ihren Madeleine-Erfolg:

• Kühlen Sie die Masse mindestens 1 Stunde bis zu 1 Tag im Kühlschrank, bevor Sie den Teig backen. Der Unterschied zwischen warmem und gekühltem Teig ermöglicht den schönen, kleinen Hügel, der für die Madeleines typisch ist.

• Bitte verwenden Sie keine Silikon-Backform.

• Nehmen Sie die einzelnen Madeleines direkt nach dem Backen aus der Form. Entweder das Blech vorsichtig kopfüber ausklopfen oder die Madeleines mit einem scharfen, kleinen Messer leicht aushebeln.

Create your own Seite 246

Zubereitung: 25 Min.
Backen: 15–17 Min.

Angel Food Cupcakes

Hier habe ich zum ersten Mal einen Angel-Food-Cake als Cupcake konzipiert – und bin selbst ganz begeistert von dieser Variation. 12 kleine Wölkchen warten darauf, Sie in den Genuss-Himmel zu heben.

FÜR 12 CUPCAKES (1 MUFFINBLECH)

75 g Zucker
50 g Mehl
50 g Speisestärke
¼ TL Salz
5 Eiweiß (ca. 160 ml)
1 TL Wasser
1 Prise Salz
25 g Zucker
12 Papiermanschetten

1 Backofen auf 175 °C (Umluft oder Unterhitze) vorheizen. Die Papiermanschetten in das Muffinblech verteilen. 75 g Zucker, Mehl, Speisestärke und ¼ TL Salz dreimal (!) in eine Rührschüssel sieben.

2 Eiweiße und Wasser in einer sauberen Schüssel (s. S. 66 Essig-Salz-Methode) mit Küchenmaschine oder Handmixer zuerst auf unterer Stufe schaumig schlagen. Dann 1 Prise Salz hinzufügen und die Geschwindigkeit erhöhen. Sobald das Eiweiß beginnt steif zu werden, Zucker nach und nach hinzufügen und dabei weiter aufschlagen.

3 Zuerst ein Drittel Eischnee zur Mehlmischung hinzufügen und mit einem Teigschaber gründlich unterheben. Dann den restlichen Eischnee dazugeben und vorsichtig unterheben. Nicht zu sehr rühren – sonst verliert die Eiweißmasse ihre Luft.

4 Die Masse mit einem Esslöffel in den Förmchen verteilen. Die Cupcakes im Ofen 15–17 Minuten goldbraun backen. In der Form 10 Minuten abkühlen lassen, dann aus den Förmchen lösen und auf einem Kuchengitter vollständig abkühlen lassen.

Create your own

Kombinieren Sie die Cupcakes – wie hier auf dem Foto – mit dem klassischen 7-Minuten-Frosting (s. S. 224).

glutenfrei

Zubereitung: 30 Min.
Backen: 15 Min.

Chiffon-Orangen-Cupcakes

Diese glutenfreien Cupcakes sind so leicht wie Luft. Lassen Sie Ihrer Kreativität freien Lauf mit einem der leichten Frostings von Seite 222-224. Und essen Sie die Cupcakes, bevor sie noch davonfliegen!

FÜR 18 CUPCAKES (2 MUFFINBLECHE)

40 g Reisstärke
80 g Kartoffelstärke
¼ TL Salz
4 Eigelb
100 g Zucker
1 TL fein abgeriebene Bio-Orangen- und/oder -Zitronenschale
3 EL frisch gepresster Orangensaft
4 Eiweiß
1 Prise Salz
50 g Zucker
18 Papiermanschetten

1 Backofen auf 175 °C (Umluft oder Unterhitze) vorheizen. Papiermanschetten in die Muffinbleche verteilen.

2 Reisstärke mit Kartoffelstärke und ¼ TL Salz mehrmals in eine Rührschüssel sieben, um alles schön luftig zu machen. Eigelbe mit Küchenmaschine oder Handmixer aufschlagen und nach und nach 100 g Zucker hinzufügen. So lange rühren, bis die Masse hell und dick ist. Zitrusschale und -saft unterrühren. Dann die Mehlmischung mit einem Teigschaber von Hand vorsichtig unterheben.

3 Die Eiweiße in einer sauberen Schüssel (s. S. 66 Essig-Salz-Methode) langsam aufschlagen, 1 Prise Salz hinzufügen und die Geschwindigkeit erhöhen. Sobald das Eiweiß Spitzen bildet, langsam 50 g Zucker einrieseln lassen. Die Eiweißmasse ist fertig, sobald sie weiche Spitzen bildet. Ein Drittel des Eischnees in die Teigmasse einarbeiten. Dann den Rest mit einem Teigschaber vorsichtig unterheben.

4 Die Masse in die Förmchen verteilen. Das Muffinblech einmal auf die Arbeitsfläche klopfen, um mögliche Luftbläschen zu entfernen. Die Cupcakes im Ofen 15 Minuten backen. Herausnehmen und in der Form 10 Minuten abkühlen lassen, dann aus den Mulden lösen und auf einem Kuchengitter vollständig abkühlen lassen.

Create your own

Mit etwas Puderzucker bestäuben oder mit einem Frosting (s. S. 222–224) garnieren. Es sieht besonders schön aus, wenn Sie für das Auftragen der Creme verschiedene Tüllen für den Spritzbeutel verwenden oder das Frosting noch mit getrockneten Lavendelblüten, Zuckerperlen etc. bestreuen (s. Foto).

Sie können die Sponge-Cake-Masse auch als Torte (23 cm Ø) backen. Die Backzeit beträgt dann 25 Minuten. Der leichte Biskuit ist die perfekte Basis für frische Beeren und etwas Sahne als Topping.

Create your own

Cheesecake

UNBEGRENZTE MÖGLICHKEITEN

Anstatt wie gewohnt einen fertigen Cheesecake aus Füllung und Boden zu präsentieren, biete ich Ihnen hiermit die Bausteine für Ihre eigene Kreation an! Wählen Sie aus drei verschiedenen Böden, zwei köstlichen Füllungen und mehreren Toppings und kreieren Sie Ihren Lieblings-Cheesecake.

Biskuitboden

ZUBEREITUNG: 25 MIN. | BACKEN: 11–13 MIN.

FÜR 1 RUNDE BACKFORM (23 CM Ø)

50 g Mehl
25 g Speisestärke
¾ TL Backpulver
1 Prise Salz
3 Eier, Zimmertemperatur, getrennt
50 g Zucker
1 TL Vanilleextrakt (s. S. 12)
40 g zerlassene Butter
1 Prise Salz
25 g Zucker
Butter für die Form

1 Den Backofen auf 180 °C (Umluft oder Unterhitze) vorheizen. Die Backform einbuttern. Mehl, Speisestärke, Backpulver und 1 Prise Salz in eine Schüssel sieben. Die Eier trennen und die Eigelbe in einer Rührschüssel mit Küchenmaschine oder Handmixer auf höchster Stufe 3 Minuten aufschlagen. Weiterrühren und dabei nach und nach 50 g Zucker hinzufügen, bis die Masse hell und dick ist – das dauert etwa 5 Minuten. Dann den Vanilleextrakt unterrühren. Die Mehlmischung über die Eigelbmasse sieben und mit einem Teigschaber unterheben, bis keine weißen Flecken mehr zu sehen sind. Dann die zerlassene Butter unterrühren.

2 Eiweiße in einer sauberen Schüssel (s. S. 66 Essig-Salz-Methode) mit 1 Prise Salz auf höchster Stufe schaumig aufschlagen. Weiterrühren und dabei nach und nach 25 g Zucker hinzufügen und weiterschlagen, bis das Eiweiß steif ist.

3 Zuerst ein Drittel des Eischnees mit einem Teigschaber unter den Teig heben, um die Masse aufzulockern. Dann den übrigen Eischnee nur leicht unterheben – es macht nichts, wenn hier noch ein paar weiße Flecken zu sehen sind.

4 Die Masse in der Form verteilen und im Ofen 11–13 Minuten backen. Der Biskuit ist fertig, sobald der Kuchen leicht zurückfedert, wenn Sie mit dem Finger darauftippen. Aus dem Ofen nehmen und in der Backform abkühlen lassen. Nicht herauslösen!

Graham-Cracker-Boden

ZUBEREITUNG: 20 MIN. | BACKEN: 12 MIN.

FÜR 1 RUNDE BACKFORM (23 CM Ø)
90 g Mehl
65 g Vollkornweizenmehl
¼ TL Salz
1 Prise gemahlener Zimt
¼ TL Natron
50 g Muscovadozucker
35 g Honig
2 EL Milch
2 ½ TL Vanilleextrakt (s. S. 12)
50 g weiche Butter
Butter für die Form

1 Den Backofen auf 175 °C (Umluft oder Unterhitze) vorheizen. Die Backform einbuttern. In einer Rührschüssel Mehl, Vollkornmehl, Salz, Zimt, Natron und Zucker vermengen. In einer zweiten Schüssel Honig mit Milch und Vanilleextrakt verrühren.

2 Butter mit Küchenmaschine oder Handmixer grob in die Mehlmischung einarbeiten. Dann die Honigmischung hinzufügen und alles kurz verrühren, bis gerade so ein Teig entsteht.

3 Den Teig gleichmäßig in der Form verteilen, am Boden andrücken und einen etwa 1 cm hohen Rand formen. Am besten geht das mit einem Stück Frischhaltefolie: Ein Stück Folie auf den Teig legen, Teig gut andrücken und gleichmäßig in die Backform pressen. So bleibt nichts an den Händen kleben.

4 Den Boden im Ofen 12 Minuten backen. Herausnehmen und in der Form auf Zimmertemperatur abkühlen lassen. Auf keinen Fall den Boden aus der Form lösen!

köstlich & glutenfrei!

Brownie-Boden

ZUBEREITUNG: 20 MIN. | KÜHLEN: 10 MIN. | BACKEN: 22 MIN.

FÜR 1 RUNDE BACKFORM (23 CM Ø)
90 g Butter
200 g Zartbitterschokolade, zerbrochen
130 g Zucker
½ TL Vanilleextrakt (s. S. 12)
30 g ungesüßtes Kakaopulver
25 g Speisestärke
¼ TL Salz
¼ TL Natron
¼ TL Backpulver
2 Eier
Butter für die Form

1 Den Backofen auf 175 °C (Umluft oder Unterhitze) vorheizen. Die Backform einbuttern. Die Butter in einem Topf zerlassen, vom Herd nehmen und die zerbrochene Schokolade darin unter Rühren schmelzen lassen. Die Masse in eine Rührschüssel geben und Zucker und Vanilleextrakt unterrühren. 10 Minuten abkühlen lassen.

2 Inzwischen Kakao, Speisestärke, Salz, Natron und Backpulver in eine Rührschüssel sieben. Die Eier mit einem Schneebesen unter die abgekühlte Schokoladenmasse rühren, bis alles leicht fluffig ist – das dauert etwa 2 Minuten. Dann mit einem Teigschaber die Kakaomischung unterheben.

3 Den Teig in der Form verteilen und im Ofen 22 Minuten backen. Den Boden herausnehmen und auf einem Kuchengitter abkühlen lassen. Nicht aus der Form lösen!

Füllungen

FÜR CHEESECAKES

Wer mich kennt, weiß, wie gerne ich Cheesecakes backe und genieße. Dies sind zwei meiner Lieblingsfüllungen. Beide sind intensiv, samtig und cremig. Um sicherzustellen, dass Ihre Füllung keine Risse bekommt, mischen Sie die Zutaten sanft, aber gründlich, ohne Luft in die Masse zu schlagen. Die Luft dehnt sich beim Backen aus und schafft so einen Soufflé-Effekt, der beim Abkühlen zusammenbricht und Risse in der Cheesecake-Oberfläche erzeugt. Risse vermeiden Sie auch, indem Sie den Kuchen unmittelbar nach dem Backen mit einem dünnen Messer vom Rand der Backform lösen.

Frischkäsefüllung

ZUBEREITUNG: 10 MIN. | BACKEN: 45 MIN.

FÜR 1 RUNDE BACKFORM (23 CM Ø)

700 g Frischkäse
150 g Zucker
3 Eier
200 g saure Sahne
1 TL Vanilleextrakt (s. S. 12)
½ TL Salz oder Vanillesalz (s. S. 12)
1 TL Speisestärke

1 Den Backofen auf 160 °C (Umluft oder Unterhitze) vorheizen. Frischkäse und Zucker mit der Küchenmaschine oder dem Handmixer langsam cremig rühren. Eier nacheinander dazugeben und unterrühren. Dann saure Sahne, Vanilleextrakt, Salz oder Vanillesalz und Speisestärke hinzufügen.

2 Die Füllung vorsichtig auf dem vorgebackenen Boden verteilen. Eine Schüssel mit Wasser neben den Kuchen in den Backofen stellen. Den Kuchen im unteren Drittel des Ofens 45 Minuten backen. Dabei nach 30 Minuten die Bräunung prüfen und bei Bedarf mit Backpapier abdecken. Herausnehmen und abkühlen lassen.

Ricotta-Mascarpone-Füllung

ZUBEREITUNG: 15 MIN. | BACKEN: 60 MIN.

FÜR 1 RUNDE BACKFORM (23 CM Ø)

500 g Ricotta
200 g Mascarpone
150 g Zucker
3 Eier
1 Eigelb
1 Prise Salz
1 TL Vanilleextrakt (s. S. 12)
fein abgeriebene Schale von 1 Bio-Zitrone
1 TL Zitronensaft

1 Den Backofen auf 170 °C (Umluft oder Unterhitze) vorheizen. Die Backform mit dem vorgebackenen Boden rundherum mit Alufolie einschlagen. Dazu zwei Bahnen Alufolie kreuzweise übereinanderlegen, die Backform darauf platzieren und die Alufolie an den äußeren Rand der Backform hochkrempeln. In einem Topf 1 l Wasser aufkochen.

2 Ricotta, Mascarpone und Zucker mit der Küchenmaschine oder dem Handmixer langsam cremig aufschlagen. Die Eier nacheinander dazugeben und unterrühren. Dann Eigelb, Salz, Vanilleextrakt, Zitronenschale und -saft hinzufügen.

3 Die Füllung gleichmäßig auf dem vorgebackenen Boden verteilen. Die eingewickelte Backform auf ein tiefes Backblech stellen und auf der unteren Schiene in den Ofen schieben. Das kochende Wasser in das Blech gießen, sodass die Form etwa 2 cm hoch im Wasser steht. Den Kuchen im Ofen 1 Stunde backen. Herausnehmen und abkühlen lassen. Nach 30 Minuten die Farbe prüfen und den Kuchen eventuell mit Backpapier abdecken.

4 Achtung: Die Ricotta-Füllung muss im Wasserbad gebacken werden. Sie eignet sich für den Brownie- und Biskuitboden besser als für den Graham-Cracker-Boden.

TIPP

Während die Frischkäsefüllung von einer kleinen Schüssel Wasser im Ofen profitiert, um die Masse cremig zu halten, verlangt die längere Backzeit des Ricotta-Käsekuchens ein Wasserbad. Wenn Sie ein flaches Backblech verwenden, nehmen Sie einfach so viel Wasser wie Sie können und überprüfen Sie den Wasserstand alle 20 Minuten. Fügen Sie Wasser nach Bedarf hinzu, um den Ofen während des Backens feucht zu halten.

Cheesecake-Varianten

Es gibt viele Möglichkeiten einen Basis Cheesecake abzuwandeln. Sie können weitere Zutaten direkt unter die Cheesecake-Füllung rühren, mit einer Sauce die Füllung marmorieren oder den fertigen Cheesecake mit einem fruchtigen Topping verfeinern. Mit diesen Bausteinen können Sie Ihre eigene Cheesecake-Kreation zusammenstellen!

Zum Unterrühren

Für beide Füllungen anwendbar – jeweils für 1 Rezept Füllung

WEISSER SCHOKOLADEN-CHEESECAKE
200 g weiße Schokolade grob hacken und über dem Wasserbad vorsichtig schmelzen. 10 Minuten abkühlen lassen und – nach der Zugabe der Eier – zur Cheesecake-Masse hinzufügen.

MARZIPAN-CHEESECAKE
200 g Marzipanrohmasse reiben oder grob zerkleinern und – vor der Zugabe der Eier – zur Cheesecake-Masse dazugeben. Hierzu passt auch wunderbar ein wenig fein abgeriebene Bio-Zitronen- oder -Orangenschale.

ZITRUS-CHEESECAKE
Für einen spritzigen Touch geben Sie die fein abgeriebene Schale von 1 Bio-Zitrone oder -Orange zur Cheesecake-Masse dazu.

Nur für die Frischkäsefüllung anwendbar

BANANEN-CHEESECAKE
Anstelle der sauren Sahne 250 g pürierte Bananen mit 1 EL Zitronensaft mischen und unterrühren. Am besten passt der Biskuit- oder Brownieboden. Diese Füllung könnte etwas zu feucht für den Graham-Cracker-Boden sein.

SCHOKO-CHEESECAKE
400 g Zartbitterschokolade grob hacken und über dem Wasserbad schmelzen. Mit 200 g Sahne sowie 2 EL ungesüßtem Kakaopulver mischen und anstelle der sauren Sahne hinzufügen.

Zum Marmorieren

Für das Marmorieren gibt es ein paar Tipps: Beginnen Sie mit wenigen Esslöffeln Cheesecake-Masse, die Sie über den gebackenen Boden verteilen, danach einige Esslöffel Sauce darübergeben. Dann im Wechsel nach und nach beide Massen auf dem Boden verteilen. Zuletzt mit einem Stäbchen oder Messer durch beide Massen fahren und noch ein bisschen marmorartig verrühren.

200 g Zartbitterschokolade
200 g Kondensmilch
55 g Zucker
10 g Butter
½ TL Vanilleextrakt (s. S. 12)

CREMIGE SCHOKOLADENSAUCE (CA. 400 ML)

Die Zartbitterschokolade grob hacken. In einem Topf Kondensmilch, Zartbitterschokolade und Zucker unter Rühren 1 Minute aufkochen. Butter und Vanilleextrakt hinzufügen und unterrühren. Die Masse in einer Schüssel abkühlen lassen. Die Sauce ist im Kühlschrank zugedeckt mehrere Wochen haltbar.

150 g getrocknete Aprikosen
20 g Zucker
1 EL Zitronensaft

APRIKOSENPÜREE (CA. 300 ML)

Die Aprikosen fein hacken und in einem Topf mit 150 ml Wasser und dem Zucker leicht erwärmen. Alles so lange köcheln, bis es weich und eingekocht ist – das dauert etwa 25 Minuten. Dann mit dem Stabmixer pürieren und den Zitronensaft hinzufügen. Die Sauce ist kühl gestellt einige Wochen haltbar.

LEMON CURD, HIMBEER- ODER ERDBEERSAUCE

Rezept (s. S. 232 und 235)

KIRSCH- ODER BLAUBEER-TOPPING

Rezept (s. S. 234)

Pies, Quiches & Co.

IST ES DAS REZEPT ODER BIN ICH ES?

Ich verbringe viel Zeit damit, neue Rezepte zu entwickeln und gleichzeitig Fragen zum Backen von Lesern und Leserinnen zu beantworten. Dabei ist mir einiges aufgefallen:

Wie ich gemerkt habe, gibt es nur wenige Menschen, die ein Rezept von vorn bis hinten lesen, bevor sie mit dem Backen loslegen. Ich verstehe und akzeptiere das. Deshalb schreibe ich direkt in der Zutatenliste die wichtigsten Punkte gleich mit dazu – sei es, dass Sie die Eier trennen müssen oder wie das Endergebnis der Zutat (grob oder fein) sein soll. Das scheint leserfreundlicher zu sein. Denn wenn ein ganzes Ei erst einmal im Teig ist, kann man nur schwer noch etwas daran ändern. Bereiten Sie die Zutaten nach Rezept vor und legen Sie sich alle benötigten Utensilien zurecht, bevor Sie mit dem Backen beginnen.
Mir ist auch aufgefallen, dass Menschen das Backen aus demselben Grund mögen und nicht mögen: die Präzision. Und damit meine ich nicht nur das genaue Abwiegen der Zutaten. Dazu gehören auch die richtige Größe der Backform und sogar die Temperatur der Zutaten. Gerade bei allen Arten von Mürbeteig und natürlich auch bei Blätter- und Plunderteig ist es wichtig, dass die Butter wirklich kalt ist – denn nur kalte Butter bewirkt ein schön zartes und mürbes Ergebnis.
Das bringt mich zu einem anderen Punkt: Wie viel können Sie bei einem Rezept ersetzen oder verändern und dann immer noch erwarten, dass es gelingt? Ehrlich gesagt, es kommt einfach auf das Rezept und die Zutat an. Bei Pie- oder Mürbeteig sind kaltes Fett und kalte Flüssigkeit heilig und der Schlüssel zum Erfolg. Was Sie aber als Füllung nehmen – da können Sie Ihrer Fantasie ziemlich freien Lauf lassen. Achten Sie nur darauf, dass die Füllung beim Backen nicht zu flüssig wird! Geschmack, Textur und wie Zutaten mit und untereinander optimal kombiniert werden können, ist eine Wissenschaft für sich.
Daher mein Vorschlag: Folgen Sie den Rezepten und meinen Tipps. So umgehen Sie das Ratespiel und können später (und auch im »Create-your-own«-Kapitel) selbstständig kreativ werden!

Pies, Quiches & Co.

SCHLÜSSEL ZUM ERFOLG

Mürbe- bzw. Pie-Teig, Pasta Frolla, Frischkäsemürbeteig, Biscuits und Scones - diese fünf verschiedenen Teige gehören zusammen, weil sie durch ihre Zubereitung verwandt sind. Lassen Sie uns zunächst die Zutaten betrachten und dann die Verarbeitung unter die Lupe nehmen.

MEHL & STÄRKE

Ich benutze gern 405er-**Weizenmehl**. Wenn Sie eher ein Vollkorngebäck wünschen, können Sie bis zu 30 Prozent Vollkornmehl (Weizen, Dinkel oder Roggen) anstelle des normalen Mehls verwenden. Falls Sie noch mehr ersetzen, wird es wegen der Schwere des Mehls eine Herausforderung, einen leichten und blättrigen Teig herzustellen.
Manchmal mag ich es, ein bisschen **Stärke** im Teig zu haben, besonders wenn Frischkäse enthalten ist. Denn Stärke nimmt die zusätzliche Flüssigkeit des Frischkäses an, bindet die Masse und sorgt für die feine Struktur. Sie macht den Teig etwas weicher und die Kruste etwas zarter.

Generell möchte ich Sie bitten: Folgen Sie genau dem Rezept, fügen Sie nicht mehr Mehl als angegeben hinzu und kneten Sie den Teig nicht zu lange, ansonsten wird das Gebäck an Leichtigkeit verlieren.

ZUCKER & SALZ

Ich verwende gern ein wenig **Zucker** in meinem Basisrezept, egal, ob es sich um eine süße oder herzhafte Variante handelt. Zucker macht das Ergebnis zart, intensiviert den Geschmack und verleiht dem Kuchen eine goldene Farbe. Wenn mehr Zucker in einem Teig verwendet wird – wie bei der italienischen Pasta Frolla –, ähnelt er bereits einem Cookie-Teig. Auch nach dem Kühlen bleibt der Teig sehr weich und sollte zwischen zwei leicht bemehlten Stücken Backpapier ausgerollt werden, damit er sich besser verarbeiten lässt und nicht auf der Arbeitsfläche kleben bleibt.
Jeder weiß, dass Salz den Geschmack intensiviert – das gilt auch für Kuchenteig. Verwenden Sie dazu einfaches **Salz**. Grobes Meersalz ist beim Backen nicht optimal, da man es erst in Flüssigkeit auflösen müsste, um es weiterzuverwenden.

DAS RICHTIGE FETT

Es gibt verschiedene Arten von Fett, die Sie verwenden können. Doch für alle gilt: Kalt muss es sein! **Butter** bringt einen wunderbaren Geschmack. Durch den Wassergehalt erzeugt sie auch Dampf beim Backen, der zu leichten Teigschichten führt. Verwenden Sie immer ungesalzene Butter!
Meine Großmütter haben gerne **Schweineschmalz** oder festes Pflanzenfett benutzt. Sie sagten, dass Butter den Geschmack bringt, doch Schmalz die Blättrigkeit. Nach Jahren des Experimentierens muss ich zugeben – es ist schwer, die Feinheit eines

Pie-Teigs zu schlagen, die durch Schmalz erreicht wird. Die Ursache: Sein höherer Schmelzpunkt, der zu einer unvergleichlichen Leichtigkeit und Blättrigkeit des Teigs führt.
Pflanzenfett (niemals die flüssige Variante) wird Ihrem Teig zu einer ähnlichen Leichtigkeit und Blättrigkeit verhelfen, doch liefert es keinerlei Aroma. Es gibt einige Pflanzenfette wie Kokosfett, die einen Eigengeschmack und eine ganz andere Textur mit sich bringen. Oftmals sind sie zu hart und lassen sich nicht gut in einen mürben Teig einarbeiten. Generell empfehle ich: Verwenden Sie Butter für den Geschmack und weiteres Fett für die Blättrigkeit – im Verhältnis von 2 bis 3 Teile Butter zu einem Teil anderes Fett.

WEITERE ZUTATEN

Die Zugabe von einem **Ei** macht einen Teig robuster für ein frei geformtes Gebäck. Milch, Sahne oder Buttermilch (immer gut gekühlt!) geben jeweils Proteine dazu, welche eine goldene Kruste und zarte Textur verleihen.
Meine Großmütter würden dem kalten Wasser ein wenig **Essig oder Zitronensaft** hinzufügen, um das Gluten zu schwächen, was zu einem zarteren Teig führt. Das ist eine alte Weisheit, die sich schnell und einfach umsetzen lässt.

DIE VERARBEITUNG

Nun kennen Sie die Rolle der einzelnen Zutaten, aber wie kommt nun alles zusammen? So gehen Sie Schritt für Schritt vor:
1. Wasser bzw. die Flüssigkeit abmessen und kalt stellen. Wenn ich Wasser benötige, gebe ich es mit 1 Eiswürfel in ein Glas und messe es erst kurz vor Verwendung genau ab. So habe ich wirklich kaltes Wasser für meinen Teig.
2. Schneiden Sie das kalte Fett in Stücke von 1 cm x 5 mm, ebenfalls kalt stellen. Wenn die Fettstücke zu groß sind, können Sie sie schwer mit dem Mehl vermengen. Beim Backen schmelzen die großen Fettstückchen dann und ergeben Löcher. Wenn das Fett wiederum zu klein ist und sich zu sehr mit dem Mehl verbindet, wird der Teig beim Backen hart wie Pappe und die Leichtigkeit geht verloren.
3. Wiegen Sie alle trockenen Zutaten wie Mehl, Stärke, Zucker und Salz ab und verrühren Sie sie mit einem Schneebesen. Wenn Sie Scones oder Ähnliches backen, dann bereiten Sie Zutaten wie Nüsse, Schokolade oder Käse und Kräuter ebenfalls vor.
4. Bereiten Sie nun alles für das Backen vor: Backofen vorheizen, Backpapier für Scones oder Ähnliches auf ein Blech legen bzw. eine Backform für einen Pie bereitstellen. Legen Sie zudem für Pie- oder Mürbeteig ein Stück Frischhaltefolie zum Einwickeln bereit.
5. Nun kann es losgehen: Stellen Sie den Teig wie im Grundrezept (s. S. 106) beschrieben her, kneten Sie ihn kurz auf der leicht bemehlten Arbeitsfläche und formen Sie daraus eine dicke runde Scheibe. Dieser Schritt sollte nicht länger als 15 Sekunden dauern. Den Teig dann in Frischhaltefolie wickeln und mindestens 1 Stunde durchkühlen lassen, bevor Sie ihn ausrollen.
Der Teig hält sich im Kühlschrank bis zu 3 Tage, im Tiefkühlfach bis zu 6 Monate. Lassen Sie den gefrorenen Teig einfach über Nacht im Kühlschrank auftauen, um ihn am nächsten Tag weiterzuverarbeiten.
6. Blindbacken: Wenn der Pie- bzw. Mürbeteig eine längere Backzeit braucht als die verwendete Füllung, muss er vorgebacken werden (s. S. 108).

Drei letzte Tipps: schnell arbeiten, cool bleiben und Zurückhaltung üben

Arbeiten Sie schnell und effizient. Falls der Teig Ihnen beim Ausrollen oder Kneten sehr weich erscheint, geben Sie ihn sofort wieder in den Kühlschrank. Einen weichen Teig zu verarbeiten wird sehr klebrig und das Ergebnis wird nicht wie gewünscht mürbe. Vertrauen Sie mir: 15 Minuten im Kühlschrank und es kann weitergehen!
Wenn Sie einen Teig aus diesem Kapitel ausrollen, dann verwenden Sie so wenig Mehl wie möglich und so viel wie nötig. Sie könnten den besten Teig hergestellt haben – bis Sie zu viel Mehl beim Ausrollen einarbeiten. Ein Fehler, der immer wieder passiert: Den Teig zu oft ausrollen zu wollen. Der Schlüssel zum Erfolg liegt im minimalen Bearbeiten des Teigs.

TIPP

Werfen Sie Teigreste niemals weg! Verwendungsmöglichkeiten finden Sie auf S. 208.

Zubereitung: 25 Min.
Kühlen: 2 Std.

Pie-Teig

GRUNDREZEPT

FÜR 1 TARTEFORM (23–25 CM Ø, MIT TEIGGITTER ODER -DECKEL ODER 2 BÖDEN 23–25 CM Ø)

175 g kalte Butter
100 g kaltes Schmalz oder Pflanzenfett (Biskin, s. S. 104)
150 ml kaltes Wasser
400 g Mehl
1 TL Salz
2 TL Zucker
Mehl für die Arbeitsfläche

1 Kalte Butter und kaltes Schmalz oder Fett in kleine Würfel schneiden und in den Kühlschrank legen. Gleichzeitig 150 ml Wasser kalt stellen.

2 Mehl, Salz und Zucker in einer Rührschüssel vermengen. Mit Fingerspitzen, Küchenmaschine oder Handmixer die kalte Butter und das kalte Fett grob in die Mehlmischung einarbeiten. Kaltes Wasser hinzufügen und mit der Gabel leicht einarbeiten, bis gerade so ein Teig entsteht.

3 Teig auf der leicht bemehlten Arbeitsfläche zügig zu einer Scheibe formen, in Frischhaltefolie wickeln und 2 Stunden (max. 3 Tage) kalt stellen. Anschließend den Teig auf der leicht bemehlten Arbeitsfläche horizontal teilen, eine Hälfte wieder kalt stellen.

4 Die andere Hälfte mit dem Nudelholz 3–4 mm dick zu einem Kreis etwas größer als die Backform ausrollen, dabei Arbeitsfläche und Nudelholz leicht bemehlt halten. Achten Sie darauf, dass kein Teig kleben bleibt –, denn Teig klebt wiederum auf Teig. Arbeiten Sie schnell, sonst wird der Teig zu weich. Falls das passieren sollte, den Teig im Kühlschrank wieder 15 Minuten durchkühlen lassen, bevor Sie ihn weiterverarbeiten.

5 Teig mithilfe des Nudelholzes in die Backform legen, dabei leicht an Boden und Ränder drücken. Mit dem Nudelholz über den Rand der Backform fahren und so den überschüssigen Teig abtrennen. Den Teigrand leicht an den Seitenrand drücken, sodass sich eine kleine Lippe über dem Backformrand formt. Die gewünschte Füllung (s. S. 247) auf dem Boden verteilen – die Form muss dabei gut gefüllt sein, denn die Früchte schrumpfen beim Backen.

6 Für den Deckel die zweite Teighälfte ebenfalls 3–4 mm dick ausrollen und nach Belieben mit einem Teigrad oder Messer in Streifen schneiden. Aus den Teigstreifen auf der Füllung ein Gitternetz flechten. Die Ränder entlang der Backform mit einer Schere abschneiden, dabei etwa 1 cm Überhang stehen lassen und die Ränder mit den Fingerspitzen verbinden und formen. Den Pie wie im Rezept angegeben backen.

Create your own
Seite 247

Zubereitung: 30 Min.
Kühlen: 2 Std.
Backen: 50–55 Min.

Apple Pie

MIT TEIGGITTER

Das Geheimnis für einen blättrigen Pie-Teig besteht nicht nur in der Kälte der Zutaten, sondern im minimalen Bearbeiten des Teigs.

FÜR 1 TARTEFORM (23–25 CM Ø)

Für den Teig:
1 Rezept Pie-Teig (s. S. 106)
Mehl für die Arbeitsfläche

Für die Füllung:
6–7 Äpfel (ca. 1,5 kg; z. B. Elstar, Boskop)
1 TL Zitronensaft (um das Oxidieren der Äpfel zu vermeiden)
etwas fein abgeriebene Bio-Zitronenschale, nach Belieben
4–5 EL Mehl
80–100 g Zucker, je nach Süße der Äpfel
1 Prise gemahlener Zimt

1 Teig wie auf S. 106 beschrieben herstellen, in Frischhaltefolie wickeln und 2 Stunden (max. 3 Tage) kalt stellen. Backofen auf 210 °C (Umluft oder Unterhitze) vorheizen.

2 Für die Füllung die Äpfel schälen, vierteln und entkernen. Die Viertel in dünne Scheiben schneiden und sofort mit Zitronensaft und -schale, Mehl, Zucker und Zimt vermengen.

3 Teig auf der leicht bemehlten Arbeitsfläche horizontal teilen, eine Hälfte wieder kalt stellen. Die andere Hälfte mit dem Nudelholz 3–4 mm dick ausrollen. Teig in die Backform legen, leicht an Boden und Ränder drücken. Äpfel auf dem Teig verteilen.

4 Für das Teiggitter die zweite Teighälfte ebenfalls 3–4 mm dick ausrollen, in gleich breite Streifen schneiden und wie auf Seite 106–107 beschrieben flechten. Die Ränder entlang der Backform abschneiden, dabei etwa 1 cm Überhang stehen lassen und die Ränder mit den Fingerspitzen verbinden.

5 Pie auf ein Backblech stellen und im unteren Drittel des Ofens 50–55 Minuten backen: Dabei zunächst 10 Minuten bei 210 °C backen. Dann die Temperatur auf 190 °C reduzieren und den Pie 40 Minuten weiterbacken. Nach 30 Minuten die Farbe prüfen und den Pie bei Bedarf mit Backpapier abdecken. Zuletzt den Pie 5 Minuten ohne Backpapier backen, damit er eine schöne Farbe bekommt. Den Pie aus dem Ofen nehmen und vor dem Servieren kurz abkühlen lassen.

Create your own
Seite 247

Zubereitung: 45 Min.
Kühlen: 1 Std.
Backen: 30 Min.

Walnuss-Honig-Pie

MIT VOLLKORNMÜRBETEIG

Dieser Mürbeteig ist perfekt für einen fruchtigen Streusel- oder Walnuss-Pie. Aber auch für herzhafte Tartes und Pies ist er eine sehr gute Basis – und garantiert ein Genuss!

FÜR 1 RECHTECKIGE TARTEFORM (12 X 36 CM) ODER 2 RUNDE TARTEFORMEN (23–25 CM Ø) OHNE DECKEL

Für den Pie-Teig:
175 g kalte Butter
50 g kaltes Pflanzenfett
100 ml kaltes Wasser
250 g Mehl
75 g Roggenmehl (Type 997), Vollkorndinkel oder -weizenmehl
¾ TL Salz
1 TL Zucker
1 EL Essig
Mehl für die Arbeitsfläche

Für die Füllung:
30 g Butter
175 g Honig
100 g brauner Zucker (Rohrohrzucker)
½ TL Vanillesalz (s. S. 12)
2 TL Vanilleextrakt (s. S. 12)
3 Eier
200 g Walnusskerne

1 Für den Teig die Butter und das Fett in kleine Würfel schneiden und in den Kühlschrank legen. Gleichzeitig 100 ml Wasser kalt stellen.

2 Beide Mehlsorten, Salz und Zucker in einer Rührschüssel vermengen. Mit Fingerspitzen, Küchenmaschine oder Handmixer die kalte Butter und das kalte Fett grob in die Mehlmischung einarbeiten. Das kalte Wasser und den Essig hinzufügen und kurz einarbeiten, bis gerade so ein Teig entsteht. Teig auf der leicht bemehlten Arbeitsfläche zügig zu einer Scheibe formen, in Frischhaltefolie wickeln und 1 Stunde (max. 2 Tage) kalt stellen.

3 Backofen auf 190 °C (Umluft oder Unterhitze) vorheizen. Teig auf der leicht bemehlten Arbeitsfläche horizontal teilen, eine Hälfte bis zu 3 Tage kalt stellen oder einfrieren. Die andere Hälfte mit dem Nudelholz 3–4 mm dick ausrollen. Mit dem Teig die Backform auslegen, dabei leicht an den Boden und Ränder drücken. Die Ränder entlang der Backform abschneiden, dabei etwa 1 cm Überhang stehen lassen. Den Boden kalt stellen.

4 Für die Füllung die Butter zerlassen und mit einem Schneebesen zusammen mit dem Honig aufschlagen. Den Zucker hinzufügen, danach Vanillesalz und Vanilleextrakt. Eier nacheinander dazugeben und unterrühren. Nüsse auf dem Boden verteilen und die Honig-Eier-Masse darauf vergießen.

5 Pie im unteren Drittel des Ofens 30 Minuten backen. Dabei nach 15 Minuten die Farbe prüfen und den Pie bei Bedarf mit Backpapier abdecken. Herausnehmen und vor dem Servieren abkühlen lassen.

Streusel-Pie

MIT ÄPFELN & BEEREN

Zubereitung: 40 Min.
Kühlen: 1 Std.
Backen: 50 Min.

FÜR 1 PIE (23–25 CM Ø)

Für den Teig:
½ Rezept Vollkorn-Pie-Teig (s. S. 104 und 106)
Mehl für die Arbeitsfläche

Für die Füllung:
3 Äpfel (regionale Äpfel, keine Granny Smith) oder Birnen
300 g Blau- oder Brombeeren (frisch oder TK)
50–75 g Zucker, je nach Süße der Früchte
3–4 EL Mehl

Für die Streusel:
75 g Walnusskerne oder Vollkornhaferflocken
100 g kalte Butter
50 g Mehl
25 g Roggenmehl (Type 997 – am besten das gleiche Mehl wie im Teig)
60 g Zucker
1 TL gemahlener Zimt
1 Prise Salz

1 Teig wie auf S. 106 beschrieben herstellen, in Frischhaltefolie wickeln und 1 Stunde (max. 2 Tage) kalt stellen.

2 Backofen auf 200 °C (Umluft oder Unterhitze) vorheizen. Teig auf der leicht bemehlten Arbeitsfläche mit dem Nudelholz 3–4 mm dick ausrollen. Mit dem Teig die Backform auslegen, dabei leicht an den Boden und Ränder drücken. Die Ränder mit 1 cm Überhang abschneiden und den Boden kalt stellen.

3 Für die Füllung die Äpfel schälen, vierteln und entkernen. Die Viertel in dünne Scheiben schneiden. Die Beeren waschen und trocken tupfen bzw. TK-Beeren auftauen und abtropfen. Die Früchte in einer großen Schüssel vermengen. Mit Mehl bestäuben, dann mit Zucker vermengen und alles behutsam vermischen.

4 Für die Streusel die Walnusskerne grob hacken. Die Butter in Würfel schneiden und mit beiden Mehlsorten, Zucker, Zimt und Salz mit den Fingerspitzen grob einarbeiten. Die Walnusskerne hinzufügen. Alles zu krümeligen Streuseln verkneten.

5 Die Füllung auf dem Boden verteilen. Die Streusel über das Obst verteilen und den Pie im Ofen 50 Minuten backen. Dabei nach 25 Minuten die Farbe prüfen und den Pie bei Bedarf mit Backpapier abdecken. Aus dem Ofen nehmen und noch warm oder zimmerwarm servieren – pur, mit Vanilleeis oder Schlagsahne.

Brokkoli-Quiche

Zubereitung: 55 Min.
Kühlen: 1 Std. 15 Min.
Backen: 55 Min.

FÜR 1 RECHTECKIGE TARTEFORM (20 X 30 CM) ODER 2 RUNDE TARTEFORMEN (23–25 CM Ø)

Für den Teig:

175 g kalte Butter
100 g kaltes Schmalz oder Pflanzenfett (Biskin)
150 ml kaltes Wasser
400 g Mehl
1 TL Salz
½ TL Zucker
Mehl für die Arbeitsfläche
Blindbackkugeln oder 300 g getrocknete Hülsenfrüchte zum Blindbacken

Für die Füllung:

1 Brokkoli (ersatzweise Blumenkohl), zerteilt
Salz
1 Zwiebel, gehackt
1 EL Butter
1 EL Olivenöl
100 g Cheddar-Käse, grob gerieben
Pfeffer
einige EL gehackte Kräuter (z. B. Petersilie, Majoran, Thymian)
3 Eier
375 ml Milch oder Sahne (oder ein Mix aus beiden)
frisch geriebene Muskatnuss, nach Belieben

1 Für den Teig Butter und Fett in kleine Würfel schneiden und in den Kühlschrank legen. 150 ml Wasser kalt stellen. Mehl, Salz und Zucker vermengen. Mit Fingerspitzen, Küchenmaschine oder Handmixer kalte Butter und kaltes Fett grob in die Mehlmischung einarbeiten. Kaltes Wasser hinzufügen und alles kurz einarbeiten, bis gerade so ein Teig entsteht. Teig auf der leicht bemehlten Arbeitsfläche zügig zu einer Scheibe formen, in Frischhaltefolie wickeln und 1 Stunde (max. 3 Tage) kalt stellen.

2 Backofen auf 190 °C (Umluft oder Unterhitze) vorheizen. Teig auf der leicht bemehlten Arbeitsfläche horizontal teilen, eine Hälfte kalt stellen. Die andere Hälfte mit dem Nudelholz 3–4 mm dick ausrollen. Teig in die Backform legen, dabei leicht an Boden und Ränder drücken. Überschüssigen Teig bis auf 1 cm abschneiden, den Teigrand leicht an den Seitenrand drücken, sodass sich eine kleine Lippe über dem Backformrand formt. Boden mit einer Gabel mehrmals einstechen und 15 Minuten kalt stellen. Boden mit einem Stück Backpapier bedecken und Blindbackkugeln bzw. Hülsenfrüchte darauf verteilen. 10 Minuten backen. Herausnehmen, Backpapier und Hülsenfrüchte vorsichtig entfernen und den Boden kurz abkühlen lassen.

3 Für die Füllung Brokkoli 2–3 Minuten in kochendem Salzwasser blanchieren, in ein Sieb abgießen, eiskalt abschrecken und auf einem Küchentuch abtropfen lassen. Zwiebel in Butter und Öl glasig andünsten, etwas salzen. 1 EL Käse auf den vorgebackenen Boden streuen, Brokkoli darüber verteilen, mit Salz, Pfeffer und Kräutern bestreuen.

4 Eier mit Milch oder Sahne verquirlen, mit Muskat, Salz und Pfeffer würzen und über das Gemüse gießen. Restlichen Käse darüber verteilen. Quiche im unteren Drittel des Ofens 45 Minuten backen. Nach 25 Minuten die Farbe prüfen und die Quiche bei Bedarf mit Backpapier abdecken. Herausnehmen und kurz abkühlen lassen.

TIPP

Faustregel: Auf 1 Ei kommen 125 ml Milch oder Sahne. Immer in Kombination mit Salz und Pfeffer sowie frisch geriebener Muskatnuss. Der Teig reicht für 2 Quiches oder Tartes. Entweder Sie stellen den Rest 3 Tage kalt oder frieren ihn mehrere Monate ein.

Zubereitung: 20 Min.
Backen: 16–18 Min.

Scones

MIT CRANBERRYS & HAFERFLOCKEN

Ich liebe Scones, pur für unterwegs oder als wunderbarer Snack mit etwas Butter, Lemon Curd oder meiner Lieblingsmarmelade.

FÜR 8 GROSSE ODER 16 KLEINE SCONES

225 g Mehl
75 g kernige Haferflocken
30 g Zucker
1 TL Backpulver
¾ TL Natron
½ TL Salz
fein abgeriebene Schale von 1 Bio-Orange
75 g getrocknete Cranberrys
50 g Wal- oder Pekannusskerne
125 ml kalte Buttermilch
25 ml Ahornsirup
1 Ei
125 g kalte Butter
Mehl für die Arbeitsfläche
1 Ei, mit 1 TL Wasser verquirlt, zum Bestreichen, nach Belieben
ca. 3 EL Rohrohrzucker oder brauner Zucker zum Bestreuen

1 Backofen auf 200 °C (Umluft oder Unterhitze) vorheizen. Ein Backblech mit Backpapier auslegen.

2 In einer Rührschüssel Mehl, Haferflocken, Zucker, Backpulver, Natron, Salz und Orangenschale vermengen. Cranberrys grob hacken, Nusskerne von Hand zerbrechen und beides in einer zweiten kleinen Schüssel mischen. Buttermilch, Sirup und Ei in einem Rührbecher verquirlen.

3 Kalte Butter in Würfel schneiden und mit Fingerspitzen, Handmixer oder Küchenmaschine in die Mehlmischung einarbeiten, bis alles grob krümelig ist. Die Buttermilchmischung unterrühren, danach Cranberrys und Nüsse. Alles vermengen, bis gerade so ein Teig entsteht.

4 Teig auf der leicht bemehlten Arbeitsfläche zu einem Rechteck formen und in 8 oder 16 gleich große Portionen teilen. Scones mit etwas Abstand nebeneinander auf das Backblech legen.

5 Die Scones nach Belieben mit dem verquirlten Ei bestreichen und mit Zucker bestreuen. Im Ofen 16–18 Minuten goldbraun backen. Dabei nach 10 Minuten die Farbe prüfen und die Scones bei Bedarf mit Backpapier abdecken. Aus dem Ofen nehmen und kurz abkühlen lassen, noch warm servieren. Etwas Butter dazu schmeckt wunderbar.

Zubereitung: 25 Min.
Backen: 15 Min.

Scones

MIT KÄSE & KRÄUTERN

Herzhafte Scones schmecken schon pur ganz köstlich. Aber besonders gut passen sie zu Suppe und Salat. Zum Mini-Sandwich werden Sie mit einer Scheibe Schinken belegt.

FÜR 8 GROSSE ODER 16 KLEINE SCONES

240 g Mehl
60 g feine Polenta
1 TL Backpulver
1 TL Natron
1 TL Zucker
1 getrocknete Chili, gehackt
½ TL Salz
30 g Nusskerne (z. B. Walnuss-, Kürbis-, Sonnenblumen- oder Pinienkerne)
75 g Hartkäse (z. B. Cheddar oder Bergkäse), grob gerieben
3–4 EL frische Kräuter (z. B. Petersilie, Majoran oder Thymian), fein gehackt
150 ml kalte Buttermilch
1 Ei
125 g kalte Butter
Mehl für die Arbeitsfläche

1 Backofen auf 210 °C (Umluft oder Unterhitze) vorheizen. Ein Backblech mit Backpapier auslegen.

2 Mehl, Polenta, Backpulver, Natron, Zucker, Chili und Salz in einer Rührschüssel vermengen. Die Nusskerne mit Käse und Kräutern mischen. In einem Rührbecher die Buttermilch mit dem Ei verquirlen.

3 Kalte Butter in Würfel schneiden und mit Fingerspitzen, Handmixer oder Küchenmaschine in die Mehlmischung einarbeiten, bis alles grob krümelig ist. Buttermilchmischung hinzufügen und rühren, bis gerade so ein Teig entsteht. Dann die Nuss-Käse-Mischung grob einarbeiten.

4 Teig auf der leicht bemehlten Arbeitsfläche zu einer Scheibe (etwa 20 cm Ø) formen und in 8 Portionen teilen – wie kleine Tortenstücke. Wenn Sie kleine Scones backen möchten, halbieren Sie den Teig und formen dann aus jeder Hälfte 8 kleinere Scones in Dreiecks-Form.

5 Scones mit etwas Abstand nebeneinander auf das Backblech setzen und im Ofen 15 Minuten goldbraun backen. Aus dem Ofen nehmen und am besten noch warm servieren.

Cream Biscuits

Zubereitung: 30 Min.
Backen: 11–13 Min.

Sahne ist die bevorzugte Flüssigkeit für dieses Rezept: Sie macht den Teig zart und blättrig. Dafür ist kein Ei im Teig – das würde ihn zu stark binden. Zusammen mit etwas Lemon Curd (s. S. 232) ein wahres Vergnügen!

FÜR CA. 12 STÜCK – JE NACH GRÖSSE

325 g Mehl
3 TL Backpulver
1 TL Zucker
1 TL Salz
100 g kalte Butter
50 g kaltes Schmalz oder Pflanzenfett (oder 150 g Butter insgesamt)
200 g kalte Sahne (oder Vollmilch)
Mehl zum Arbeiten

1 Backofen auf 220 °C (Umluft oder Unterhitze) vorheizen. Ein Backblech mit Backpapier auslegen. Mehl, Backpulver, Zucker und Salz in eine Rührschüssel sieben.

2 Butter und Schmalz oder Pflanzenfett in Würfel schneiden und mit Fingerspitzen, Handmixer oder Küchenmaschine in die Mehlmischung einarbeiten, bis alles grob krümelig ist. Kalte Sahne hinzufügen und alles kurz verrühren, bis gerade so ein Teig entsteht.

3 Teig auf der leicht bemehlten Arbeitsfläche zügig verkneten und mit dem Nudelholz etwa 1,5 cm dick ausrollen. Mit einem Glas oder runden Ausstecher aus dem Teig Kreise ausstechen und nebeneinander auf das Backblech legen. Dabei den Glasrand bzw. den Ausstecherrand immer wieder leicht in Mehl tauchen, damit er nicht am Teig klebt.

4 Biscuits im Ofen 11–13 Minuten backen. Herausnehmen und auf einem Kuchengitter abkühlen lassen.

Create your own

- *Wenn Sie die Biscuits etwas süßer mögen, können Sie* ***bis zu 3 EL Zucker oder Rohrohrzucker*** *hinzufügen. Sie können die Biscuits auch vor dem Backen mit etwas Zucker bestreuen.*
- *Eine* ***Mischung aus Zimt und Zucker*** *vor dem Backen auf die Biscuits streuen. Das ist ebenfalls sehr lecker!*
- *Für eine herzhafte Variante fügen Sie dem Teig zuletzt* ***1 Handvoll geriebenen Käse und ein paar gehackte Kräuter*** *zu.*
- *Für eine tolle, etwas glänzende Oberfläche können Sie den Teig vor dem Backen mit etwas* ***zerlassener Butter oder Sahne*** *bestreichen.*

Pasta-Frolla-Tarte

MIT MARZIPAN & KONFITÜRE

Zubereitung: 40 Min.
Kühlen: 2 Std. 15 Min.
Backen: 35 Min.

FÜR 2 TARTEFORMEN (23 CM Ø)

Für den italienischen Mürbeteig:

325 g Mehl
fein abgeriebene Schale von 1 Bio-Zitrone
65 g Zucker
½ TL Salz
¼ TL Backpulver
175 g kalte Butter
1 Ei
1 Eigelb
60 ml kaltes Wasser
Mehl zum Arbeiten
Blindbackkugeln oder 300 g getrocknete Hülsenfrüchte zum Blindbacken

Für die Füllung:

200 g Marzipanrohmasse
75 g weiche Butter
50 g Zucker oder Rohrohrzucker
2 Eier
40 g Speisestärke
100 g Kirsch- oder Aprikosenkonfitüre (s. Tipp)
25 g Mandelblättchen

1 Für den Teig in einer Rührschüssel Mehl, Zitronenschale, Zucker, Salz und Backpulver vermengen. Kalte Butter in Würfel schneiden und mit Fingerspitzen, Handmixer oder Küchenmaschine in die Mehlmischung grob einarbeiten. Dann Ei und Eigelb unterrühren, gefolgt von Wasser. Kurz vermischen.

2 Alles auf der leicht bemehlten Arbeitsfläche kurz verkneten, sodass gerade so ein Teig entsteht. Teig halbieren, die eine Hälfte in Frischhaltefolie wickeln und 2 Stunden (max. 3 Tage) kalt stellen. Die andere Hälfte für eine andere Tarte verwenden oder (bis zu 3 Monate) einfrieren.

3 Backofen auf 180 °C (Umluft oder Unterhitze) vorheizen. Teig zwischen zwei Stücken Backpapier mit ein wenig Mehl ausrollen. Teig gleichmäßig in der Backform verteilen und leicht andrücken, den überschüssigen Teig abschneiden, dabei aber eine kleine Lippe stehen lassen. 15 Minuten kalt stellen.

4 Teig mit einer Gabel mehrmals einstechen, mit einem Stück Backpapier bedecken und die Blindbackkugeln bzw. Hülsenfrüchte darauf verteilen. Im Ofen 10 Minuten backen. Herausnehmen, Backpapier und Hülsenfrüchte entfernen und den Boden kurz abkühlen lassen. Die Ofentemperatur auf 175 °C reduzieren.

5 Inzwischen für die Füllung die Marzipanrohmasse mit der Küchenmaschine oder dem Handmixer cremig rühren. Weiche Butter unterrühren, gefolgt von Zucker, Eiern und Speisestärke. Alles verrühren, bis eine leichte und cremige Masse entsteht.

6 Zuerst die Konfitüre dünn auf dem vorgebackenen Boden verteilen. Dann die Marzipanfüllung vorsichtig darübergeben. Zuletzt die Tarte mit Mandelblättchen bestreuen und im unteren Drittel des Ofens 25 Minuten backen. Dabei nach 10 Minuten die Farbe prüfen und die Tarte bei Bedarf mit Backpapier abdecken. Herausnehmen und auf einem Kuchengitter abkühlen lassen.

TIPP

—

Himbeerkonfitüre oder Orangenmarmelade passen hier auch sehr gut!

Zubereitung: 40 Min.
Kühlen: 2 Std. 15 Min.
Backen: 30 Min.

FÜR 1 TARTEFORM (20–23 CM Ø)

Für den Teig:
½ Rezept ital. Mürbeteig (s. S. 122)
Mehl zum Arbeiten
Blindbackkugeln oder 300 g getrocknete Hülsenfrüchte zum Blindbacken

Für die Zitronenfüllung:
4 Eier, Zimmertemperatur
60 g Zucker
1 Prise Salz
20 g Reisstärke
fein abgeriebene Schale von 2 Bio-Zitronen
80 ml frisch gepresster Zitronensaft
60 g Zucker
Puderzucker zum Bestäuben

Pasta-Frolla-Tarte

MIT ZITRONEN-SOUFFLÉ

1 Teig wie auf S. 122 beschrieben herstellen, in Frischhaltefolie wickeln und mindestens 2 Stunden, am besten über Nacht (max. 3 Tage), kalt stellen.

2 Backofen auf 180 °C (Umluft oder Unterhitze) vorheizen. Der Teig ist sehr weich: Daher rollen Sie ihn am besten zwischen zwei Stücken Backpapier mit wenig Mehl aus. Teig gleichmäßig in der Backform verteilen und leicht andrücken, den überschüssigen Teig abschneiden. 15 Minuten kalt stellen.

3 Teig mit einer Gabel mehrmals einstechen, mit einem Stück Backpapier bedecken und die Blindbackkugeln bzw. Hülsenfrüchte darauf verteilen. Im Ofen 10 Minuten backen. Herausnehmen, Backpapier und Hülsenfrüchte entfernen und den Boden kurz abkühlen lassen. Ofentemperatur auf 175 °C reduzieren.

4 Inzwischen für die Füllung die Eier trennen. Die Eigelbe in einem Topf mit 60 g Zucker mit einem Schneebesen aufschlagen. Salz, Reisstärke, Zitronenschale und -saft hinzufügen. Alles vorsichtig unter Rühren erwärmen, bis die Masse etwas eindickt – das dauert ein paar Minuten. Dabei aufpassen, dass die Masse nicht kocht! Vom Herd nehmen und abkühlen lassen.

5 Die Eiweiße in einer sauberen Schüssel (s. S. 66 Essig-Salz-Methode) steif aufschlagen. Sobald sich erste Spitzen bilden, 60 g Zucker nach und nach beim weiteren Aufschlagen hinzufügen. Zuerst ein Drittel vom Eischnee zur Zitronenmasse geben und mit einem Teigschaber unterrühren, um die Masse aufzulockern. Dann vorsichtig den Rest unterheben. Die Füllung auf dem vorgebackenen Boden verteilen.

6 Die Tarte im unteren Drittel des Ofens 20 Minuten backen. Dabei nach 10 Minuten mit Backpapier abdecken, damit sie nicht zu stark bräunt. Herausnehmen und auf einem Kuchengitter abkühlen lassen. Zum Servieren mit Puderzucker bestäuben.

Zubereitung: 35 Min.
Kühlen: 2 Std.
Backen: 16–18 Min.

Pocket-Pies

MIT KIRSCHFÜLLUNG

Pocket-Pies sind die sensorische Erinnerung an meine Kindheit. Ich habe sie gern gefüllt mit Äpfeln, Blaubeeren oder Kirschen gegessen. Hier backe ich sie aus meinem sensationellen Frischkäseteig!

FÜR 16 HALBMOND-POCKET-PIES ODER 8 RUNDE POCKET-PIES

Für den Frischkäseteig:
250 g Mehl
25 g Speisestärke
½ TL Zucker
¼ TL Salz
175 g kalte Butter
175 g kalter Frischkäse
2–3 EL kaltes Wasser
Mehl zum Arbeiten

Für die Füllung:
1 Rezept Kirsch- oder Blaubeer-Topping (s. S. 234)
1 Ei, mit 1 EL Wasser verquirlt

Für die Glasur:
einige EL Puderzucker, nach Belieben und gewünschter Konsistenz
2 TL Milch (oder etwas mehr)

1 Für den Teig in einer Rührschüssel Mehl, Speisestärke, Zucker und Salz vermengen. Die kalte Butter in Würfel schneiden. Die Butterwürfel und den Frischkäse mit Fingerspitzen, Handmixer oder Küchenmaschine grob in die Mehlmischung einarbeiten. 2–3 EL kaltes Wasser hinzufügen und alles mit einer Gabel verrühren, bis gerade so ein Teig entsteht. Auf der leicht bemehlten Arbeitsfläche zu einer runden Scheibe formen, in Frischhaltefolie wickeln und 2 Stunden (max. 2–3 Tage) kalt stellen.

2 Inzwischen die Füllung wie auf Seite 234 beschrieben herstellen und in einer Schüssel vollständig abkühlen lassen. Bitte keine heiße Füllung auf den gekühlten Teig geben!

3 Backofen auf 200 °C (Umluft oder Unterhitze) vorheizen. Ein Backblech mit Backpapier auslegen. Teig auf der leicht bemehlten Arbeitsfläche horizontal halbieren. Eine Hälfte kalt stellen, die andere Hälfte mit dem Nudelholz 3–4 mm dick ausrollen. Kreise in gewünschter Größe ausstechen und nebeneinander auf das Blech legen.

4 Je nach Größe 1 TL–1 EL Füllung auf jeden Teigkreis setzen. Vorsicht, wenn Sie zu viel Füllung nehmen, läuft sie beim Backen heraus! Ränder mit Wasser bestreichen. Für Halbmonde den Teig über die Füllung klappen, für runde Pies einen zweiten Teigkreis als Deckel daraufsetzen. Ränder mit einer Gabel fest andrücken und oben kleine Dampfschlitze einritzen. Pies nebeneinander auf das Blech setzen und mit dem verquirlten Ei bestreichen, bis zum Backen kalt stellen. Mit der zweiten Teighälfte ebenso verfahren.

5 Pies im Ofen 16–18 Minuten backen. Dabei nach 15 Minuten die Farbe prüfen und die Pies bei Bedarf mit Backpapier abdecken. Herausnehmen und auf einem Kuchengitter abkühlen lassen. Für die Glasur Puderzucker mit Milch verrühren und die Pies damit glasieren.

Zubereitung: 40 Min.
Kühlen: 2 Std.
Backen: 30 Min.

Crostata

MIT SÜSSKARTOFFELN & SPECK

Der Frischkäseteig ist so wandlungsfähig, dass Sie ihn auch für herzhaftes Gebäck verwenden können.

FÜR 1 GROSSE CROSTATA

Für den Teig:

½ Rezept Frischkäseteig (s. S. 126)
Mehl zum Arbeiten

Für die Füllung:

1 Süßkartoffel
3 EL Olivenöl
Salz
1 Knoblauchzehe
50 g Bacon
1 Zwiebel
1 Handvoll Pilze
1 EL Butter
1 EL Olivenöl
100 g Ricotta
1 EL Olivenöl
50 g Hartkäse, gerieben
einige EL frische Kräuter, fein gehackt
Chiliflocken, nach Geschmack
1 Eigelb, mit 1 EL Wasser verquirlt

1 Den Teig wie auf S. 126 beschrieben herstellen, in Frischhaltefolie wickeln und 2 Stunden (max. 3 Tage) kalt stellen.

2 Den Backofen auf 200 °C (Umluft oder Unterhitze) vorheizen. Ein Backblech mit Backpapier auslegen. Inzwischen für die Füllung die Süßkartoffel waschen und ungeschält in fingerdicke Schnitze schneiden. Auf dem Blech verteilen, mit 3 EL Olivenöl beträufeln, etwas salzen und im Ofen 10 Minuten garen. Knoblauch schälen, fein hacken und über die Süßkartoffeln verteilen. Dann noch 10 Minuten weiterbacken, herausnehmen und abkühlen lassen.

3 Inzwischen den Bacon fein würfeln. Zwiebel schälen und fein hacken. Pilze putzen und klein schneiden. In einer Pfanne Butter mit 1 EL Olivenöl erhitzen und Bacon darin anbraten. Zwiebel und Pilze dazugeben und alles dünsten, bis die Flüssigkeit vollständig verdampft ist. Ricotta mit 1 EL Olivenöl mischen.

4 Für eine große Crostata den Teig auf der leicht bemehlten Arbeitsfläche mit dem Nudelholz 3–4 mm dick zu einem Kreis (30 cm Ø) ausrollen. Die Ränder sauber abschneiden und den Boden auf ein mit Backpapier belegtes Backblech legen.

5 Den geriebenen Käse auf dem Boden verteilen – dabei rundherum 5 cm Rand frei lassen. Süßkartoffel und Pilzmischung daraufgeben und den Ricotta darüber verteilen. Mit Kräutern und Chiliflocken bestreuen. Teigrand anheben und im Abstand von ca. 10 cm zu einem nach oben stehenden Rand zusammendrücken, mit dem verquirlten Eigelb bestreichen.

6 Die Crostata im unteren Drittel des Ofens 30 Minuten backen. Nach 20 Minuten die Farbe prüfen und die Crostata bei Bedarf mit Backpapier abdecken. Herausnehmen und warm oder abgekühlt servieren.

TIPP

—

Sie können aus dem Teig und der Füllung auch kleine herzhafte Pocket-Pies backen (s. S. 126). Dann die Süßkartoffeln jedoch kleiner schneiden.

Süßes & herzhaftes Hefegebäck

GEDULD UND ANPASSUNGSFÄHIGKEIT

Wenn ich ehrlich bin, hätte ich nie gedacht, dass ich einmal vier Kinder haben werde. Noch kam mir der Gedanke, dass ich jemals ein eigenes Geschäft aufbauen würde und verantwortlich bin für so viele Personen und Aufgaben!

Ich habe meine Kinder nicht auf einmal bekommen und auch kein boomendes Familienunternehmen geerbt. Meine Entwicklung – als Mutter und Business Woman – war ein laufender Prozess, der durch viele Phasen geprägt war. Geduld war oftmals eine Herausforderung für mich. »Learning by doing« hört sich immer toll an, bis Sie es sind, die Schritt für Schritt die Erfahrungen sammeln müssen. Oft fühlte ich mich frustriert mit meinem Mangel an Wissen für bestimmte Dinge und der Unfähigkeit, schnell und effizient sein zu können. Ich schwor mir, nie den gleichen Fehler zweimal zu machen. Das klingt schlau, nicht wahr? Doch es bringt auch ein Problem mit sich: Es gibt so viele Fehler, die man machen kann und es reicht manchmal nicht, einen Fehler nur einmal zu begehen, um zu überleben. Sie müssen unermüdlich und selbstkritisch und doch immer konstruktiv sein. Man muss lernen, geduldig zu sein – nicht nur mit anderen, sondern auch mit sich selbst. Die Notwendigkeit ist nicht die einzige Mutter der Erfindung. Anpassungsfähigkeit und Angst vor dem Versagen können ebenso kreative Lösungen hervorbringen. Und wenn Sie nun diese fantastischen Brote backen, erinnern Sie sich, dass Hefeteige uns Menschen sehr ähneln. Manchmal können sie launisch sein, brauchen Wärme und auch Geduld. Nehmen Sie sich die Zeit, um sie zu verstehen. Enjoy!

Hefeteig
SCHLÜSSEL ZUM ERFOLG

Hefe lebt und ich liebe es, Brot zu backen! Der Schlüssel zu einer gegenseitigen Liebesbeziehung mit Hefe liegt in einer goldenen Regel: Behandeln Sie Hefe, wie Sie selbst behandelt werden möchten! Wärme, Aufmerksamkeit, Geduld und Sorge - wer würde unter diesen Bedingungen nicht gedeihen?

FRISCHE ODER TROCKENE HEFE?

Frische Hefe ist in einem 42-g-Würfel erhältlich und reicht für ca. 1 kg Mehl. Sie muss im Kühlschrank aufbewahrt werden und bleibt dort etwa 2 Wochen am Leben. Bei frischer Hefe vor dem Gebrauch immer prüfen, ob sie noch lebt. Mischen Sie dazu die Hefe mit etwas warmem Wasser und 1 Prise Zucker. Nach 5 Minuten Gehzeit sollte der Mix aktiv sein und leicht blubbern. Wenn dies nicht der Fall ist, die Hefe bitte nicht verwenden!

Wenn Sie frische Hefe durch trockene Hefe ersetzen wollen, teilt sich die Menge durch drei. Bedeutet beispielsweise: 21 g frische Hefe entspricht 7 g Trockenhefe, was 1 Päckchen ist. Ich backe privat gern mit trockener Hefe, weil sie eine lange Haltbarkeit hat, die mir die Spontaneität zum Brotbacken ermöglicht. Und ehrlich gesagt: Ich habe bisher keinen Unterschied in Geschmack oder Textur zwischen frischer und trockener Hefe entdeckt.

ABGEKOCHTE MILCH

Es gibt alte Familienrezepte, in der abgekochte Milch verwendet wird. Viele Jahre haben wir »modernen Bäcker« geglaubt, dass dies aufgrund mangelnder Hygiene gemacht wurde, um in Milch vorhandene schädliche Keime abzutöten, und haben es ignoriert. Doch wie so oft stellt sich heraus, dass Oma es am besten wusste und ein Sinn und Zweck dahintersteckt. Und so geht's: Erhitzen Sie die Milch bis knapp unter den Siedepunkt – zwischen 82 und 85 °C. Das denaturiert und verändert das in der Milch vorhandene Serumprotein. Dieses Protein hat eine schwächende Wirkung auf Gluten und wirkt sich daher negativ auf die Struktur bzw. Textur des Brotes aus. Das Abkochen der Milch deaktiviert auch das Protease-Enzym, welches die Hefe verlangsamt und den Teig weich und klebrig machen kann.

Lektion gelernt? Überspringen Sie nicht das Abkochen! Beginnen Sie damit als Erstes. Bis alle anderen Vorbereitungen getroffen sind, ist die Milch ausreichend abgekühlt, um damit fortzufahren.

KNETEN – FÜR EINE GUTE TEXTUR

Das Kneten des Teigs stimuliert und aktiviert das Gluten, das dem Brot seine Textur verleiht. Wenn der Teig besonders weich ist (einige sind es), verwenden Sie einen Teigschaber für das Zusammenbringen und Kneten des Teigs. So bleibt nichts kleben! Versuchen Sie nicht, mehr Mehl einzuarbeiten – das verändert die Konsistenz des späteren Gebäcks sehr und es wird nicht leicht und luftig. Beispielsweise ist ein Focaccia-Teig sehr weich – und mehr Mehl könnte die luftige Konsistenz ruinieren!

Ein Teig, der zu wenig geknetet wurde, wird rau sein, leicht reißen und seine Form nicht halten können. Wenn Sie den Teig von Hand kneten, werden Sie ihn niemals zu lange kneten können – denn irgendwann verlieren Sie die Power.

Falls Sie eine Küchenmaschine oder einen Handmixer verwenden, könnte es tatsächlich sein, dass Sie zu lang kneten. Daher bitte ich Sie: Verwenden Sie für die Maschine immer die Knethaken, kneten Sie auf niedrigster Stufe und prüfen Sie den Teig alle 2–3 Minuten. Sobald er glatt und geschmeidig ist, haben Sie es geschafft! Wenn der Teig glatt, aber eher kompakt und etwas hart erscheint, könnte es sein, dass Sie zu viel geknetet haben. Dann lassen Sie den Teig ruhen und gehen ... und vielleicht erholt er sich von dem Schreck. Wenn das fertige Brot kompakt ist und eine harte Kruste hat, wissen Sie, was Sie beim nächsten Mal anders machen müssen. Ich weiß, dass es manchmal enttäuschend sein kann. Aber machen Sie sich eine Notiz zu dem Rezept und steigen Sie wieder auf das Pferd – mit einem neuen Teig. Sie werden sicherlich nicht den gleichen Fehler zweimal machen.

IN RUHE GEHEN LASSEN

Ihr Teig ist nun perfekt geknetet und sollte mindestens ein Mal – wenn nicht zwei Mal – gehen, um seinen Geschmack und seine Textur zu entwickeln. Ich decke die Schüssel dazu mit einem feuchten Küchentuch oder Frischhaltefolie ab und stelle sie an einen zugfreien Platz. Sie können den Teig nun 1–2 Stunden vergessen. Falls es kalt sein sollte, umhüllen Sie die Schüssel mit einem Tuch oder einer Decke.
Einige neue Öfen bieten auch eine Gärfunktion für das Gehenlassen von Teigen. Ich liebe diese Funktion, da Sie alles kontrollieren können und eine optimale Umgebung für den Hefeteig schaffen. Dazu lasse ich meine Teige bei 30–32 °C langsam gehen. Bitte stellen Sie die Schüssel nicht einfach auf einen Heizkörper – das bewirkt zu viel direkte Hitze. Schützen Sie die Schüssel dann mindestens mit einer Decke, um die Hitze zu verringern.
Viele werden hier ungeduldig und machen zu früh weiter, bevor der Teig voll gereift ist. Es ist zwecklos zu versuchen, diese wichtige Entwicklungsphase zu überstürzen – bei Bedarf können Sie den Prozess aber verlangsamen. Verzögern Sie das Aufgehen, indem Sie einfach die Schüssel mit Frischhaltefolie bedeckt über Nacht in den Kühlschrank stellen. Etwa 1 Stunde, bevor Sie mit dem Rezept fortfahren möchten, stellen Sie die Schüssel auf Ihre Küchentheke, damit der Teig Zimmertemperatur annehmen kann.

HEFETEIG, DAMPF UND GLASUREN

Professionelle Bäcker und Backstuben haben viele Mittel, um verschiedene Arten von Brotkrusten zu schaffen – Gleiches gilt nun für Sie! Hier sind einige Tricks des Handwerks, die Sie leicht in der eigenen Küche anwenden können:
Starke Hitze und viel Dampf geben Ihrem Brotlaib (z. B. dem Landbrot) eine schöne Kruste. Platzieren Sie dazu eine Metallschale auf dem Boden des Ofens, wenn Sie diesen vorheizen. Kurz bevor das Brot in den Ofen kommt, geben Sie einige Eiswürfel oder kochendes Wasser in die Schüssel. Das erzeugt wunderbaren Dampf! Meine Mutter verwendete gern eine Muffinform gefüllt mit Wasser, die Sie während des Vorheizens im Ofen platzierte. Das macht aus dem Ofen eine Sauna, was der Hefeteig liebt – er wird Sie mit einer unglaublichen Kruste belohnen.
Kurz vor dem Backen streuen Sie etwas Mehl auf die Oberfläche des Brotes, schneiden es mit einer Rasierklinge oder einem scharfen Messer oben ein und verwenden Sie eine Sprühflasche mit Wasser, um die Oberfläche zu benetzen.
Für eine richtig knusprige Kruste wiederhole ich das Besprühen des Brotes mehrmals während der ersten 10 Minuten des Backvorgangs.

Und hier noch weitere Tipps für eine wunderbare Brotkruste:

- Für eine goldbraune, weiche Kruste verwenden Sie 1 Eigelb oder ganzes Ei, verquirlt mit 1 TL Wasser.
- Für eine glänzende, weiche Kruste nehmen Sie 1 Eiweiß, verquirlt mit 1 Prise Salz und 1 TL Wasser.
- Für eine softe, matte und goldene Kruste nehmen Sie ein bisschen Milch.
- Nach dem Backen können Sie das Brot auch mit etwas Olivenöl für einen wunderbaren Glanz bestreichen.

BACKTEST UND LAGERUNG

Um zu testen, ob das Brot fertig ist, klopfen Sie auf das Brot: Wenn es hohl klingt, ist es fertig. Lassen Sie das Brot in der Form bis zu 10 Minuten abkühlen, bevor Sie es auf ein Kuchengitter geben. Die Luft sollte um das Brot zirkulieren, um eine optimale Kühlung zu gewährleisten.
In ein sauberes Küchentuch gewickelt lässt es sich am besten aufbewahren. Bitte bewahren Sie Brot und Brötchen niemals im Kühlschrank oder in Plastik eingewickelt auf. Es ist dort zu feucht bzw. das Brot kann nicht atmen – das wird die Textur ruinieren.

Zubereitung: 10 Min.
Gehen: 1 – 1 Std. 30 Min.
Backen: 35 Min.

Süßes Brot

GRUNDREZEPT

FÜR 1 SÜSSES BROT

600 g Mehl
50 g Zucker
½ TL Salz
1 Packung Trockenhefe (7 g) oder
½ Würfel frische Hefe (21 g)
300 ml warmes Wasser
1 Ei
50 ml Pflanzenöl
Mehl für die Arbeitsfläche
Füllung nach Wunsch (s. S. 248)

1 In einer Rührschüssel Mehl, Zucker, Salz und Hefe vermengen. (Falls Sie frische Hefe verwenden, dann zerkrümeln Sie diese einfach in das Mehl.)

2 In einem Rührbecher 300 ml warmes Wasser mit Ei und Pflanzenöl verquirlen und mit den Knethaken der Küchenmaschine oder des Handmixers in die Mehlmischung einarbeiten. Den Teig etwa 4 Minuten gut durchkneten, bis er weich und geschmeidig ist.

3 Anschließend den Teig auf der leicht bemehlten Arbeitsfläche noch einige Minuten mit den Händen durchkneten. In die Schüssel einen Tropfen Öl geben, den Teig darin schwenken und mit einem angefeuchteten, sauberen Küchentuch bedeckt 1–1 Stunde 30 Minuten gehen lassen, bis er sein Volumen verdoppelt hat.

4 Den Teig auf leicht bemehlter Arbeitsfläche zu einem Rechteck von 30 x 40 cm ausrollen und nach Belieben füllen (s. S. 248).

5 Den Teig fest aufrollen, leicht verdrehen und in eine eingebutterte und mit Backpapier ausgelegte Kastenform legen. 25 Minuten aufgehen lassen. Den Backofen auf 180°C (Umluft oder Unterhitze) vorheizen. Das Brot 35 Minuten backen.

Create your own
Seite 248

TIPP

Sie können aus dem Teig einen wunderbaren Zopf machen. Dazu mindestens in drei gleich große Teile teilen, diese zu Strängen ausrollen und flechten. Die Enden unter dem Zopf verstecken, damit der Zopf beim Backen nicht aufgeht. Eigelb mit Wasser verquirlen und den Zopf damit bestreichen.

Zubereitung: 45 Min.
Gehen: 1 Std. 30 Min.
Backen: 35–40 Min.

Herzhaftes Brot

GRUNDREZEPT

FÜR 1 GROSSES ODER 2 KLEINE BROTE

Für den Vorteig:

125 ml warmes Wasser
1 Packung Trockenhefe (7 g) oder ½ Würfel frische Hefe (21 g)
1 Prise Zucker
25 g Mehl

Für den Hauptteig:

600 g mehligkochende Kartoffeln
2 TL Salz
60 g weiche Butter
575 g Mehl (Type 550)
Mehl für die Arbeitsfläche und zum Bestäuben
weiche Butter für die Schüssel
Polenta für das Backblech
2 Handvoll Eiswürfel zum Backen

1 Für den Vorteig 125 ml warmes Wasser mit Hefe, Zucker und Mehl vermengen und etwa 5–10 Minuten gehen lassen, bis die Masse leichte Blasen bildet. Inzwischen für den Hauptteig die Kartoffeln schälen, waschen und in Stücke schneiden. In einem Topf in reichlich Wasser mit 1 TL Salz weich garen. Kartoffeln abgießen, abtropfen lassen und mit 1 TL Salz und Butter zerdrücken, etwas abkühlen lassen. (Wenn sie zu heiß sind, würden sie die Hefe zerstören.)

2 In einer Rührschüssel Mehl mit dem Vorteig und den zerdrückten Kartoffeln mit den Knethaken der Küchenmaschine oder des Handmixers etwa 5 Minuten kneten. Der Teig wird beim Kneten weicher. Bitte geben Sie kein weiteres Wasser hinzu – der Teig ist so perfekt.

3 Dann den Teig auf der leicht bemehlten Arbeitsfläche mit den Händen einige Minuten durchkneten. Die weiche Butter in die Schüssel streichen, den Teig kurz darin schwenken und zugedeckt 1 Stunde gehen lassen, bis er sein Volumen verdoppelt hat.

4 Den Backofen auf 200 °C (Umluft oder Unterhitze) vorheizen. Ein Backblech mit Backpapier auslegen und mit Polenta bestreuen. Eine ofenfeste Schüssel (nicht aus Glas!) auf dem Boden des Ofens platzieren. Den Teig auf der leicht bemehlten Arbeitsfläche leicht mit den Händen flach drücken und aufrollen. Den Laib mit der Nahtseite nach unten auf das Blech setzen und mit einem trockenen Küchentuch zugedeckt 30 Minuten gehen lassen.

5 Vor dem Backen die Oberfläche des Laibes leicht mit Mehl bestäuben, mit einem scharfen Messer einschneiden. Die Eiswürfel in die vorgewärmte Schüssel geben. Das Brot im Ofen 35–40 Minuten goldbraun backen. Es ist fertig, sobald es hohl klingt, wenn man daraufklopft. Herausnehmen und vor dem Anschneiden 20 Minuten abkühlen lassen.

Create your own
Seite 249

Brioches

Zubereitung: 40 Min.
Gehen: 4 Std. 30 Min.
Backen: 17–19 Min.

Dieser Teig ist auch perfekt für Sticky Buns, Coffee Cake, Dinner Rolls, Burger Brötchen, Monkey Bread oder Pull-apart-Bread – die Liste könnte endlos weitergehen. Lassen Sie Ihrer Kreativität freien Lauf! Planen Sie nur genügend Zeit für die Gehzeiten ein, denn der Teig muss drei Mal gehen.

FÜR 13–14 BRIOCHES IN MUFFIN-GRÖSSE (2 MUFFIN-BLECHE) ODER 1 KASTENBROT (11 X 29 CM)

70 g Zucker
550 g Mehl
1½ TL Salz
1 Packung Trockenhefe (7 g) oder ½ Würfel frische Hefe (21 g)
125 ml Milch, lauwarm
4 Eier, Zimmertemperatur
175 g kalte Butter
Mehl für die Arbeitsfläche
Butter für das Blech
1 Ei, mit 1 EL Wasser verquirlt

1 In einer Rührschüssel Zucker, Mehl, Salz und Hefe vermengen. Die Milch mit den Eiern in einer weiteren Schüssel verquirlen. Die kalte Butter in Würfel schneiden und mit den Fingerspitzen in die Mehlmischung grob einarbeiten. Die Eiermilch dazugeben und mit den Knethaken der Küchenmaschine oder des Handmixers 3 Minuten kneten. Bitte Geduld haben: Der Teig ist sehr weich und klebrig – so geht er besonders gut auf.

2 Teig auf der leicht bemehlten Arbeitsfläche einige Minuten mit den Händen und mithilfe eines Edelstahl-Teigschabers (Backspachtel) durchkneten. Dann in der Schüssel zugedeckt 1–2 Stunden gehen lassen. Achten Sie darauf, dass der Standort nicht zu warm ist.

3 Anschließend den Teig leicht zusammendrücken und zusammenfalten (wie ein Handtuch), sodass die Luft herausgedrückt wird. Hier geht es nicht darum, den Teig noch einmal richtig durchzukneten! Dabei möglichst kein weiteres Mehl in den Teig einarbeiten – das macht ihn zu fest. Falls der Teig sehr klebrig ist, halten Sie Ihre Hände sauber und tauchen Sie sie, wenn nötig, in Mehl. Teig in der Schüssel zugedeckt 1–2 Stunden gehen lassen, bis sich sein Volumen verdoppelt hat.

4 Für die Brioches die Backförmchen einbuttern. Den Teig zusammendrücken. Portionen mit je 60 g und Portionen mit je 20 g Teig abwiegen. Die kleineren Portionen zu konischen Kugeln formen, die oben spitz zulaufen, die größeren Portionen in die Backformen setzen und ein fingergroßes Loch in die Mitte drücken. Jeweils 1 kleine Kugel mit der Spitze nach unten in das Loch setzen. Die Brioches zugedeckt nochmals 30 Minuten gehen lassen. Den Backofen auf 190 °C (Umluft oder Unterhitze) vorheizen.

5 Anschließend die Brioches mit dem verquirlten Ei bestreichen und im Ofen 17–19 Minuten goldbraun backen. Herausnehmen und auf einem Kuchengitter abkühlen lassen.

Sie können die Brioches sowohl in Muffinblechen als auch in Briocheförmchen backen. Für 1 große Brioche den ganzen Teig in eine gebutterte Kastenform (11 x 29 cm) geben und vor dem Backen nochmals zugedeckt 30 Minuten gehen lassen. Dann im Backofen 50–55 Minuten bei 180 °C backen.

Bienenstich

Aus dem Brioche-Teig können Sie auch einen Bienenstich zubereiten. Ein Klassiker, der immer hochmodern bleibt und einfach köstlich schmeckt.

Zubereitung: 1 Std.
Gehen: 3 Std.
Backen: 35–40 Min.

FÜR 1 RUNDE BACKFORM (23–25 CM Ø)

Für den Teig:

1 Rezept Brioche-Teig (s. S. 138)
Butter für die Form
Mehl für die Arbeitsfläche
1 Ei, mit 1 EL Wasser verquirlt

Für die Konditorcremefüllung:

250 ml Milch
1 Prise Salz
25 g Zucker
1 TL Vanilleextrakt (s. S. 12)
2 Eier
25 g Zucker
25 g Speisestärke
30 g Butter
200 g kalte Sahne, nach Belieben
1 Rezept Läuterzucker (s. S. 72)

Für das Topping:

60 g Butter
40 g Honig
40 g Puderzucker
100 g Mandelblättchen

1 Den Brioche-Teig wie auf S. 138 beschrieben herstellen und zugedeckt etwa 2 Stunden gehen lassen. Die Backform einbuttern (alternativ ein Backblech mit Backpapier auslegen). Den Teig in die Form geben und darin passend zur Größe leicht flach drücken. Zugedeckt nochmals 1 Stunde gehen lassen.

2 Für die Füllung inzwischen Milch mit Salz, 25 g Zucker und Vanilleextrakt in einem Topf fast zum Kochen bringen. Währenddessen die Eier mit 25 g Zucker mit einem Schneebesen aufschlagen, Stärke hinzufügen und weiter aufschlagen. Wenn die Milch fast kocht, die Milch langsam zu den Eiern hinzufügen und verrühren. Dann die gesamte Masse zurück in den Topf gießen und bei mittlerer Hitze unter ständigem Rühren eindicken lassen. Zuletzt Butter unterrühren. Die Masse in eine Schüssel füllen, die Oberfläche mit Frischhaltefolie abdecken und die Creme abkühlen lassen. Wenn Sie mögen, können Sie die Creme mit aufgeschlagener Sahne auflockern, sobald sie abgekühlt ist.

3 Inzwischen für das Topping Butter und Honig in einem Topf vermengen und bei schwacher Hitze erwärmen, bis die Butter geschmolzen ist. Puderzucker unterrühren und alles etwa 1 Minute aufkochen. Mandelblättchen unterrühren und den Topf sofort vom Herd nehmen, abkühlen lassen.

4 Den Backofen auf 180 °C (Umluft oder Unterhitze) vorheizen. Teig mit dem verquirlten Ei bestreichen. Mandelmischung durchrühren, dann gleichmäßig über dem Teig verteilen. Bienenstich im unteren Drittel des Ofens 35–40 Minuten backen. Dabei nach 20 Minuten die Farbe prüfen und den Bienenstich bei Bedarf mit Backpapier abdecken. Herausnehmen, abkühlen lassen, und aus der Form lösen.

5 Sobald der Kuchen gut abgekühlt ist, horizontal halbieren. Boden mit etwas Läuterzucker (s. S. 72) beträufeln und die Creme darauf verteilen. Deckel daraufsetzen und leicht andrücken, Bienenstich zum Servieren in Stücke schneiden.

Zubereitung: 30 Min.
Gehen: 2 Std. 30 Min.
Backen: 22–24 Min.

Himbeer-schnecken

FÜR 12 STÜCK (1 MUFFINBLECH)

Für den Teig:

200 ml Milch
100 g Butter
350 g Mehl
150 g Vollkornweizenmehl
1 Packung Trockenhefe (7 g) oder ½ Würfel frische Hefe (21 g)
50 g Zucker
¾ TL Salz
fein abgeriebene Schale von 1 Bio-Zitrone
½ TL gemahlener Kardamom
2 Eier
Mehl für die Arbeitsfläche
12 Papiermanschetten oder Butter für das Blech

Für die Füllung:

300 g TK-Himbeeren (nicht auftauen lassen!)
50 g Zucker
2 TL Speisestärke

Für die Glasur:

150 g Puderzucker, gesiebt
2 EL Milch

1 Für den Teig die Milch abkochen, vom Herd nehmen und die Butter darin unter Rühren schmelzen. Abkühlen lassen. In einer Rührschüssel Mehl, Vollkornmehl, Hefe, Zucker, Salz, Zitronenschale und Kardamom vermengen.

2 Die Eier in die abgekühlte Milch-Butter-Mischung rühren und alles mit den Knethaken der Küchenmaschine oder des Handmixers 3 Minuten unter die Mehlmischung kneten. Dann auf der leicht bemehlten Arbeitsfläche mit den Händen einige Minuten durchkneten. Den Teig in der Schüssel zugedeckt 1 Stunde gehen lassen.

3 Die Papiermanschetten in das Blech verteilen oder das Muffinblech einbuttern. Für die Füllung die gefrorenen Himbeeren mit Zucker und Stärke vermengen. Den Teig zu einem Rechteck (30 x 45 cm) ausrollen und gleichmäßig mit der Beerenmischung bestreuen. Den Teig von der Längsseite her fest aufrollen und in 12 Scheiben schneiden. Die Schnecken in das Muffinblech setzen und zugedeckt 1–1 Stunde 30 Minuten gehen lassen.

4 Den Backofen auf 180 °C (Umluft oder Unterhitze) vorheizen. Die Schnecken im unteren Drittel des Ofens 22–24 Minuten backen. Dabei nach 15 Minuten die Farbe prüfen und das Gebäck bei Bedarf mit Backpapier abdecken. Herausnehmen und auf einem Kuchengitter abkühlen lassen.

5 Für die Glasur Puderzucker und Milch glatt verrühren und das Gebäck vor dem Servieren damit glasieren.

Statt in einem Muffinblech können Sie die Schnecken auch nebeneinander gesetzt in einer runden Backform (25 cm Ø) oder quadratischen Backform (23 x 23 cm) backen – dann beträgt die Backzeit jeweils 23–25 Minuten (s. S. 17)!

Zubereitung: 20 Min.
Gehen: 2 Std.
Backen: 35 Min.

Rosinen-Mandel-Gugelhupf

Während meiner Zeit als Austausch-Studentin im Elsass habe ich zum ersten Mal einen Gugelhupf kennengelernt. Die Oma meiner Gastmutter backte diesen Kuchen aus Hefeteig für uns, was für mich eine ganz neue Erfahrung war. Ich liebe seinen puren Geschmack sehr.

FÜR 1 GUGELHUPFFORM (23 CM Ø)

Für den Vorteig:
150 ml Milch
1 Packung Trockenhefe (7 g) oder ½ Würfel frische Hefe (21 g)
1 TL Zucker
50 g Mehl

Für den Hauptteig:
75 g Rosinen oder Korinthen (oder ein Mix aus beiden)
1 EL Vanilleextrakt (s. S. 12; ersatzweise Rum oder Orangensaft)
75 g Zucker
200 g Mehl
fein abgeriebene Schale von 1 Bio-Orange
fein abgeriebene Schale von ½ Bio-Zitrone
¾ TL Salz
125 g weiche Butter
2 Eier
Butter und 25 g Mandelblättchen für die Form
Puderzucker zum Bestäuben, nach Belieben

1 Für den Vorteig die Milch abkochen, vom Herd nehmen und leicht abkühlen lassen. Hefe, 1 TL Zucker und 50 g Mehl vermengen. Die Milch zur Hefemischung geben, leicht verrühren und den Vorteig bis zur Verwendung ruhen lassen.

2 Inzwischen für den Hauptteig Rosinen oder Korinthen in der gewählten Flüssigkeit einweichen. Die Form einbuttern und mit den Mandelblättchen ausstreuen.

3 75 g Zucker, 200 g Mehl, Orangen- und Zitronenschale, Salz, weiche Butter und Eier sowie die eingeweichten Rosinen oder Korinthen zum Vorteig hinzugeben. Alles mit dem Flachrührer der Küchenmaschine oder den Quirlen des Handmixers 3 Minuten verrühren. (Keine Knethaken verwenden, da der Teig sehr weich ist.) Den Teig vorsichtig – damit die Mandelblättchen sich nicht lösen – in der Backform verteilen und zugedeckt 2 Stunden gehen lassen.

4 Den Backofen auf 175 °C (Umluft oder Unterhitze) vorheizen. Den Gugelhupf im unteren Drittel des Ofens 35 Minuten backen. Dabei nach 25 Minuten die Farbe prüfen und den Gugelhupf bei Bedarf mit Backpapier abdecken. Aus dem Ofen nehmen und in der Form 5–10 Minuten abkühlen lassen, dann auf ein Kuchengitter stürzen und komplett abkühlen lassen. Zum Servieren nach Belieben mit etwas Puderzucker bestäuben.

Panettone

Zubereitung: 50 Min.
Gehen: 6 Std. 30 Min.
Backen: 15–20 Min.
Abkühlen: 1 Std.

Mein Tipp für Ihren Erfolg: Die Panettonis auf der Seite abkühlen, damit die Textur luftig bleibt und nicht zusammengedrückt wird.

FÜR 12–13 MINI-PANETTONI (12–13 PANETTONE-FORMEN 7 CM Ø, 5 CM HÖHE)

Für den Vorteig:
1 Packung Trockenhefe (7 g) oder
½ Würfel frische Hefe (21 g)
80 ml warmes Wasser
70 g Mehl

Für Phase 1:
3 EL warmes Wasser
1 Packung Trockenhefe (7 g) oder
½ Würfel frische Hefe (21 g)
2 Eier, Zimmertemperatur
175 g Mehl
50 g Zucker
50 g weiche Butter

Für Phase 2:
2 Eier
2 Eigelb
2 EL Honig
1½ TL Vanilleextrakt (s. S. 12)
150 g Zucker
520 g Mehl
1 TL Salz
180 g weiche Butter
fein abgeriebene Schale von
½ Bio-Orange
Mehl für die Arbeitsfläche

Für die Füllung:
300–400 g Zutaten nach Wunsch (eingeweichte Korinthen, gehackte Trockenfrüchte, dunkle Schokolade oder Walnusskerne)

1 Für den Vorteig die Hefe mit 80 ml warmen Wasser und Mehl vermengen und mit Frischhaltefolie zugedeckt 30 Minuten gehen lassen. Für die erste Phase alle Zutaten zum Vorteig geben und mit den Knethaken der Küchenmaschine oder des Handmixers 3 Minuten unterkneten. Teig zugedeckt 1 Stunde gehen lassen, bis er sein Volumen verdoppelt hat.

2 Für die zweite Phase Eier, Eigelbe, Honig und Vanilleextrakt verquirlen. In einer zweiten Schüssel Zucker, Mehl und Salz vermengen. Dann Eiermischung sowie Mehlmischung, Butter und Orangenschale zum Vorteig hinzugeben. Alles mit den Knethaken der Küchenmaschine oder des Handmixers 3–4 Minuten gut durchkneten. Danach den Teig auf der leicht bemehlten Arbeitsfläche mit den Händen noch einige Minuten durchkneten. In der Schüssel zugedeckt 2 Stunden gehen lassen.

3 Inzwischen die Füllung nach Wunsch vorbereiten. Teig in Portionen von je etwa 125 g teilen. Jede Teigportion auf der leicht bemehlten Arbeitsfläche flach drücken, etwa 25 g Füllung daraufgeben und in den Teig eindrücken. Den Teig jeweils von den Seiten über die Füllung ziehen, zu einer Kugel formen und in die Formen setzen. (Alternativ passende Kragen aus Backpapier formen und mit Küchengarn fixieren oder Konservendosen mit Backpapier auskleiden.) 3 Stunden gehen lassen, bis sich das Volumen verdreifacht hat.

4 Backofen auf 190 °C (Umluft oder Unterhitze) vorheizen. Mit einem scharfen Messer die Oberfläche der Panettoni kreuzweise einschneiden und im unteren Drittel des Ofens 10 Minuten backen. Dann die Ofentemperatur auf 180 °C reduzieren und die Panettoni 15–20 Minuten backen. Dabei nach 15 Minuten die Farbe prüfen und das Gebäck bei Bedarf mit Backpapier abdecken!

5 Aus dem Ofen nehmen und auf einem Kuchengitter **auf der Seite liegend** abkühlen lassen. Nach 1 Stunde aus der Form nehmen und weiter **auf der Seite liegend** abkühlen lassen.

TIPP

Sie können aus dem Teig und der Füllung auch 2 große Panettone backen. Die Backzeit verlängert sich dann um 30 Minuten bei 180 °C.

Babka

MIT SCHOKOLADE & HALVA

Zubereitung: 35 Min.
Gehen: 3 Std.
Backen: 50–55 Min.

FÜR 1 KASTENFORM (11 X 29 CM)

Für den Teig:

100 ml Milch
440 g Mehl (Type 550)
1 Packung Trockenhefe (7 g) oder ½ Würfel frische Hefe (21 g)
50 g Zucker
¾ TL Salz
1 Eigelb (das Eiweiß kommt in die Füllung)
2 Eier
2 TL Vanilleextrakt (s. S. 12)
100 g weiche Butter
Mehl für die Arbeitsfläche
weiche Butter für Schüssel und Form

Für die Füllung:

175 g weiche Butter
120 g Zucker
45 g ungesüßtes Kakaopulver
1 Eiweiß
1 Prise Salz
130 g Halva, zerkrümelt (Sesampaste; ersatzweise Marzipanrohmasse)
100 g Zartbitterschokolade, fein gehackt

1 Für den Teig die Milch abkochen, vom Herd nehmen und abkühlen lassen. In einer Rührschüssel Mehl, Hefe, Zucker und Salz mischen. Eigelb, Eier und Vanilleextrakt mit der Milch verquirlen.

2 Mit den Knethaken der Küchenmaschine oder des Handmixers die Milchmischung in die Mehlmischung einarbeiten. Die Butter dazugeben und den Teig 4 Minuten gut durchkneten, bis er weich und elastisch ist. Dann auf der leicht bemehlten Arbeitsfläche einige Minuten mit den Händen durchkneten. Die Schüssel mit 1 TL Butter ausstreichen und den Teig darin 1–2 Stunden zugedeckt gehen lassen, bis er sein Volumen verdoppelt hat. (An dieser Stelle können Sie den Teig auch über Nacht im Kühlschrank parken und am nächsten Tag damit weitermachen. Dazu den Teig wieder Zimmertemperatur annehmen lassen und fortfahren.)

3 Inzwischen für die Füllung Butter, Zucker, Kakao, Eiweiß und Salz cremig aufschlagen. Die Backform einbuttern und mit Backpapier auslegen. Den Teig auf der leicht bemehlten Arbeitsfläche kurz niederboxen und zu einem Rechteck (40 x 50 cm) ausrollen. Die Füllung gleichmäßig darauf verstreichen und mit Halva und Schokolade bestreuen. Den Teig von der Längsseite her fest aufrollen, die Enden der Rolle verbinden und ineinanderdrücken. Den Teigring mehrmals verdrehen, in die Backform legen und zugedeckt noch 1 Stunde gehen lassen.

4 Den Backofen auf 175 °C (Umluft oder Unterhitze) vorheizen. Die Babka 50–55 Minuten backen. Dabei nach 30 Minuten die Farbe prüfen und das Gebäck bei Bedarf mit Backpapier abdecken. Aus dem Ofen nehmen, in der Form 10 Minuten abkühlen lassen, dann stürzen und auf einem Kuchengitter abkühlen lassen.

TIPP

Alternativ können Sie die Babka auch in 1 Gugelhupfform (23 cm Ø) oder 12 Baby-Babka in einem Muffinblech backen.

Zubereitung: 40 Min.
Gehen: 3 Std.
Backen: 50–55 Min.

Babka

MIT ZIMT & WALNÜSSEN

Ich bin nicht mit Babka aufgewachsen, sondern aß sie zum ersten Mal in meinen Studentenjahren in New York. Dieser Moment war eine einzige Offenbarung, wie man so viele Texturen und Geschmäcker in einem Gebäck erleben kann.

FÜR 1 GUGELHUPFFORM (23 Ø) ODER 1 KASTENFORM (11 X 29 CM)

Für den Teig:
450 g Mehl
40 g Zucker
1 TL Salz
1 Packung Trockenhefe (7 g) oder ½ Würfel frische Hefe (21 g)
100 ml warme Milch
2 Eier
1 TL Vanilleextrakt (s. S. 12)
125 g weiche Butter
Mehl für die Arbeitsfläche
weiche Butter für Schüssel und Form

Für die Füllung:
1 Eiweiß (das Eigelb ist für die Glasur)
100 g Puderzucker
75 g Muscovado- oder brauner Zucker
2 EL gemahlener Zimt
1 TL gemahlener Kardamom
¼ TL Salz
100 g weiche Butter
50 g Rosinen
100 g Walnusskerne, grob gehackt

Für die Glasur:
1 Eigelb, mit 2 TL Wasser verquirlt

1 Für den Teig in einer Rührschüssel Mehl, Zucker, Salz und Hefe vermengen. In einer zweiten Schüssel warme Milch, Eier und Vanilleextrakt verquirlen. Mit den Knethaken der Küchenmaschine oder des Handmixers die Milchmischung in das Mehl einarbeiten. Die Butter dazugeben und den Teig 4 Minuten gut durchkneten, bis er weich und elastisch ist. Falls der Teig etwas trocken ist, noch 1 EL Wasser hinzufügen.

2 Dann den Teig auf der leicht bemehlten Arbeitsfläche einige Minuten mit den Händen durchkneten. Die Schüssel mit 1 TL Butter ausstreichen und den Teig darin 1–2 Stunden zugedeckt gehen lassen, bis er sein Volumen verdoppelt hat.

3 Inzwischen für die Füllung Eiweiß, Puderzucker, Zucker, Zimt, Kardamom, Salz und Butter cremig aufschlagen. Die Gugelhupfform einbuttern. Den Teig auf der leicht bemehlten Arbeitsfläche kurz niederboxen und zu einem Quadrat (40 x 40 cm) ausrollen.

4 Die Füllung darauf verstreichen und mit Rosinen und Walnüssen bestreuen. Den Teig fest aufrollen, die Enden der Rolle ineinanderdrücken, um sie zu verbinden. Den Teigring mehrmals verdrehen, in die Backform legen und zugedeckt noch 1 Stunde gehen lassen.

5 Den Backofen auf 175 °C (Umluft oder Unterhitze) vorheizen. Die Babka mit dem verquirlten Eigelb bestreichen und im Ofen 50–55 Minuten backen. Dabei nach 30 Minuten die Farbe prüfen und das Gebäck bei Bedarf mit Backpapier abdecken. Aus dem Ofen nehmen, in der Form 10 Minuten abkühlen lassen, dann stürzen und auf einem Kuchengitter abkühlen lassen.

Hörnchen

Diese Hörnchen sind super wandlungsfähig. Hier gebe ich Ihnen ein Grundrezept an die Hand, mit dem Sie immer wieder Neues kreieren und auf unterschiedliche Art und Weise füllen können.

Zubereitung: 45 Min.
Gehen: 2 Std.
Backen: 13 Min.

FÜR 24 HÖRNCHEN

200 ml Milch
90 g Butter oder Schmalz (ich bevorzuge 50 g Schmalz und 40 g Butter)
500 g Mehl
1 Packung Trockenhefe (7 g) oder ½ Würfel frische Hefe (21 g)
75 g Zucker
¾ TL Salz
2 Eier
1 Eigelb
1 Eiweiß für die Glasur
Mehl für die Arbeitsfläche
3 EL zerlassene Butter zum Bestreichen

1 Die Milch abkochen, vom Herd nehmen und die Butter oder das Schmalz darin unter Rühren schmelzen. Abkühlen lassen. In einer Rührschüssel Mehl, Hefe, Zucker und Salz vermengen.

2 Sobald die Milch leicht abgekühlt ist, Eier und Eigelb unterrühren und zur Mehlmischung hinzufügen. Alles mit den Knethaken der Küchenmaschine oder des Handmixers etwa 3 Minuten durchkneten. Dann auf der leicht bemehlten Arbeitsfläche mit den Händen noch einige Minuten durchkneten. Den Teig in der Schüssel zugedeckt 1 Stunde 30 Minuten gehen lassen.

3 Ein Backblech mit Backpapier auslegen. Den Teig auf der leicht bemehlten Arbeitsfläche mit dem Nudelholz zu 2 Kreisen (à 23–25 cm Ø) ausrollen, mit der flüssigen Butter bestreichen und wie eine Uhr in je 12 Stücke teilen. Alternativ mit einer Füllung nach Wunsch bestreichen (s. rechts).

4 Jedes Teigdreieck von der breiten Seite her aufrollen. Die Hörnchen nebeneinander auf das Blech setzen – dabei darauf achten, dass die Teigspitze unten liegt, damit sie sich beim Backen nicht entrollen – und 30 Minuten gehen lassen. Für die Glasur das Eiweiß mit 1 TL Wasser verquirlen und kurz vor dem Backen die Hörnchen damit bepinseln.

5 Den Backofen auf 185 °C (Umluft oder Unterhitze) vorheizen. Die Hörnchen im unteren Drittel des Ofens etwa 13 Minuten backen. Herausnehmen und etwas abkühlen lassen.

Pekan-Karamell-Füllung

Pekan-Karamell-Füllung, für 24 Stück
100 g Zucker
50 g Butter
50 g Sahne
45 g Zucker
2 TL gemahlener Zimt
100 g Pekannusskerne, fein gehackt
1 Eiweiß, mit 1 TL Wasser verquirlt, für die Glasur

1 Einen mittelgroßen Topf mit hohen Wänden gründlich säubern. 100 g Zucker darin bei mittlerer Hitze erwärmen und zerlassen, dabei nicht rühren. Sobald der Zucker langsam schmilzt, den Topf ein wenig schwenken, damit sich alles gleichmäßig auflöst. Wenn der Zucker leicht gebräunt ist (nicht anbrennen lassen!), die Hitze reduzieren und die Butter mit einem Schneebesen einrühren.

2 Sobald die Butter geschmolzen ist, den Topf vom Herd nehmen. Einige Sekunden warten, dann unter Rühren die Sahne dazugießen. Gut verrühren. In einer Schüssel 45 g Zucker mit Zimt mischen.

3 Den Teig wie beschrieben halbieren und zu 2 Kreisen ausrollen. Jeden Kreis mit Karamellsauce bestreichen, dann mit Nüssen und Zimtzucker bestreuen. Jeden Teigkreis in 12 Stücke teilen und jedes Teigdreieck wie links beschrieben aufrollen. Auf einem Blech gehen lassen, die Hörnchen dann mit Eiweiß-Glasur bestreichen und wie beschrieben backen.

Create your own

Für eine Schoko-Nuss-Füllung die ausgerollten Teigkreise mit 1 Rezept Schokoladenaufstrich (s. S. 232) oder fertiger Nuss-Nugat-Creme bestreichen. Dann wie beschrieben in Stücke schneiden, aufrollen, mit Glasur bestreichen und backen.

Kaiserbrötchen

Zubereitung: 50 Min.
Gehen: 2 Std. 30 Min.
Backen: 15 Min.

Wenn man Kaiserbrötchen selber bäckt, dann weiß man genau, warum sie überall so beliebt sind. Und auch Sie werden begeistert sein von diesem absoluten Klassiker, der in jedes Repertoire gehört.

FÜR 15 BRÖTCHEN (À CA. 60 G)

Für den Vorteig:
50 ml warmes Wasser
1 Packung Trockenhefe (7 g) oder
½ Würfel frische Hefe (21 g)

Für den Hauptteig:
40 g Zucker
550 g Mehl (Type 550)
2 ¼ TL Salz
200 ml warmes Wasser
2 Eier
2 EL Pflanzenöl oder
30 g weiches Schmalz
Pflanzenöl für die Schüssel
einige EL Mohn, Sonnenblumenkerne und/oder Leinsamen, nach Belieben

1 Für den Vorteig 50 ml warmes Wasser mit der Hefe verrühren und etwa 5 Minuten gehen lassen. Für den Hauptteig Zucker mit Mehl und Salz in einer Schüssel vermengen.

2 200 ml warmes Wasser zum Vorteig hinzufügen und alles in die Mehlmischung rühren. Die Eier untermischen, Öl oder Schmalz unterrühren. Alles mit den Knethaken der Küchenmaschine oder des Handmixers etwa 5 Minuten durchkneten. Der Teig ist etwas trocken, das ist richtig so. In die Schüssel ½ TL Öl geben, den Teig darin schwenken und zugedeckt 30 Minuten gehen lassen. Niederboxen und erneut 30 Minuten gehen lassen.

3 Den Teig dritteln, dann jedes Drittel in 5 Stücke teilen, zugedeckt etwa 5 Minuten gehen lassen. Ein Backblech mit Backpapier auslegen und sehr großzügig mit Samen und Kernen bestreuen. Jeweils 1 Teigportion darauflegen und zu einem Fladen (ca. 10 cm Ø) formen. Den linken Daumen in der Mitte der Portion platzieren (hier bleibt er, bis das Brötchen fertig gefaltet ist!). Mit dem Zeigefinger der rechten Hand den oberen Teigrand über den Daumen legen. Die Teigkante mit der rechten Hand bzw. dem kleinen Finger wie bei einem Karateschlag andrücken. Dann die rechte Seite des Teigs über den Daumen legen. Die Enden wieder mit Karateschlag andrücken. Den Teig leicht gegen den Uhrzeigersinn drehen und zum dritten Mal von rechts den Teig über den Daumen legen und andrücken, dann ein viertes Mal. Beim fünften Mal den Daumen rausnehmen und den letzten Zipfel genau dort eindrücken. Die gefaltete Seite nach unten auf das bestreute Blech legen und die Brötchen 1 Stunde 30 Minuten (max. 2 Stunden) gehen lassen.

4 Den Backofen auf 200 °C (Umluft oder Unterhitze) vorheizen. Eine ofenfeste Schüssel mit Wasser auf den Boden des Backofens setzen. Kurz vor dem Backen die gefalteten Seiten der Brötchen sehr vorsichtig wieder nach oben drehen, sodass keine Luft entweicht. Übrige Samen und Kerne gegebenenfalls vom Blech entfernen. Die Brötchen großzügig mit Wasser besprühen und im Ofen etwa 15 Minuten goldbraun backen. Herausnehmen und abkühlen lassen.

Brot ohne Kneten

Zubereitung: 40 Min.
Gehen: 18–25 Std.
Backen: 42–45 Min.
Abkühlen: 1 Std.

Einfach nur die Zutaten mit einer Gabel verrühren. Was könnte simpler sein? Sie müssen nur rechtzeitig damit anfangen – am besten 18–25 Stunden vor dem gewünschten Genuss –, denn der Teig muss lange gehen.

FÜR 1 GROSSES BROT IM GUSSEISERNEN BRÄTER MIT DECKEL GEBACKEN

500 g Mehl (Type 550, ersatzweise 150 g Roggenmehl und 350 g Weizenmehl Type 550)
¼ TL Trockenhefe
10 g Salz
340 ml warmes Wasser
Mehl für die Arbeitsfläche und zum Bestäuben
Polenta und Mehl zum Bestreuen

1 Am Vortag in einer Rührschüssel das Mehl oder die Mehlsorten, Hefe und Salz vermengen. Mit einer Gabel das warme Wasser so lange unterrühren, bis ein glatter Teig entstanden ist. Es ist nicht notwendig, den Teig zu kneten. Die Schüssel mit Frischhaltefolie luftdicht abdecken, beiseitestellen und den Teig 16–23 Stunden ruhen lassen – je länger, desto besser.

2 Am nächsten Tag den Teig auf der leicht bemehlten Arbeitsfläche mit den Händen zu einem runden Laib formen. Einen großen Teller mit reichlich Polenta bestreuen und den Brotlaib daraufsetzen. Die Oberfläche leicht mit Mehl bestäuben, das Brot mit einem trockenen Küchentuch zugedeckt 2 Stunden gehen lassen.

3 Nach 1 Stunde Gehzeit den Backofen auf 235 °C (Umluft oder Unterhitze) vorheizen. Sobald der Ofen die gewünschte Temperatur erreicht hat, einen großen gusseisernen Bräter mit Deckel mindestens 30 Minuten im Ofen vorheizen. Das Vorheizen ist wichtig, weil der Topf damit zu einem kleinen, eigenständigen Backofen wird. Der Deckel verhindert, dass der Dampf beim Backen entweichen kann, und gibt dem Brot seine wundervolle Kruste.

4 Nach 30 Minuten den Topf aus dem Ofen nehmen (Vorsicht, sehr heiß!) und den Boden des Topfs mit Polenta bestreuen. Das Brot im geschlossenen Bräter im Ofen 30 Minuten backen. Jetzt den Deckel abnehmen und das Brot offen noch weitere 12–15 Minuten backen, je nach Farbe des Brotes.

5 Den Bräter aus dem Ofen nehmen, das Brot herausnehmen und auf einem Kuchengitter abkühlen lassen. Jetzt ist Disziplin gefragt: Damit die Brottextur sich durch das Abkühlen weiterentwickeln kann, das Brot 1 Stunde abkühlen lassen. Erst dann anschneiden und genießen.

Zubereitung: 45 Min.
Gehen: 1 Std. 45 Min.
Backen: 28–30 Min.

Bierbrot

MIT WALNÜSSEN & ZWIEBELN

Ich verwende gern dunkles Bier, aber Sie können auch jede andere Biersorte für das Brot nehmen. Durch das Backen bekommt die Zwiebel eine wunderbare Süße, die perfekt den herben Geschmack des Bieres ergänzt.

FÜR 1 GROSSES BROT

400 ml Bier
1 Packung Trockenhefe (7 g) oder ½ Würfel frische Hefe (21 g)
100 g Roggenmehl (Type 997)
1 Prise Zucker
500 g Mehl (Type 550)
2 TL Salz
1 EL Honig
1 EL Olivenöl
1 mittelgroße Zwiebel, gehackt
100 g Walnusskerne, grob zerbrochen
Mehl für die Arbeitsfläche
Olivenöl für die Schüssel

1 In einer Schüssel Bier, Hefe, Roggenmehl und Zucker vermengen und etwas ruhen lassen, während Sie die anderen Zutaten vorbereiten.

2 In einer zweiten Schüssel das Mehl mit Salz vermengen. Honig und Olivenöl zum Bier-Mix hinzugeben und den Mix unter das Mehl rühren. Alles mit den Knethaken der Küchenmaschine oder des Handmixers etwa 4 Minuten durchkneten. Dann den Teig auf der leicht bemehlten Arbeitsfläche mit den Händen noch einige Minuten durchkneten. In die Schüssel ½ TL Öl geben, den Teig darin schwenken und 1 Stunde gehen lassen, bis sich das Volumen verdoppelt hat.

3 Inzwischen ein Backblech mit Backpapier auslegen. Anschließend den Teig auf der leicht bemehlten Arbeitsfläche sanft niederboxen und mit der Hand flach auseinanderdrücken. Zwiebel und Walnüsse gleichmäßig darauf verteilen und leicht hineindrücken. Den Teig über die Füllung klappen, andrücken und nochmals falten, damit die Walnüsse und Zwiebeln nach und nach eingearbeitet werden. Durch das Falten von allen Seiten den Teig zu einem runden Laib formen. Mit der Nahtseite nach unten auf das Backblech legen und 45 Minuten gehen lassen.

4 Den Backofen auf 200 °C (Umluft oder Unterhitze) vorheizen. Das Brot mit etwas Wasser besprühen und mit einem scharfen Messer ein Kreuz in die Oberfläche schneiden. Dann im Ofen 28–30 Minuten backen. Das Brot ist fertig, sobald es hohl klingt, wenn man darauf klopft. Aus dem Ofen nehmen und auf einem Kuchengitter abkühlen lassen.

Schwarzbrot

Zubereitung: 45 Min.
Gehen: 2 Std.
Backen: 33–35 Min.
bzw. 45–50 Min.

Sie werden überrascht sein von der Kombination aus verschiedensten Zutaten und Geschmacksrichtungen – und begeistert sein, wie harmonisch diese Komposition ist.

FÜR 1 GROSSES ODER 2 KLEINE BROTE

1 große mehligkochende Kartoffel (ca. 150 g, mit Schale)
1 Packung Trockenhefe (7 g) oder ½ Würfel frische Hefe (21 g)
150 ml warmes Wasser
1 TL Muscovado- oder brauner Zucker
200 ml Wasser
15 g ungesüßtes Kakaopulver
10 g sehr fein gemahlenes Espressopulver (ersatzweise 1 TL Instant-Espressopulver)
90 g Zuckerrübensirup
45 g Butter
100 g Rosinen
200 g Roggenmehl (Type 1150)
450 g Mehl (Type 550)
2 TL (Meer-)Salz
1 EL Kümmelsamen
100 g Walnusskerne, grob zerbrochen
Mehl für die Arbeitsfläche und zum Bestäuben
Olivenöl für die Schüssel
2 Handvoll Eiswürfel zum Backen

1 Die Kartoffel mit Schale in Würfel schneiden und in Wasser weich kochen. Das Wasser abgießen, die Kartoffelstücke ausdampfen lassen und zerdrücken. In einer Schüssel die Hefe mit 150 ml warmem Wasser und Zucker verrühren und etwa 5 Minuten ziehen lassen.

2 In einem Topf 200 ml Wasser mit Kakao, Espresso, Zuckerrübensirup, Butter und Rosinen gründlich verrühren und erwärmen, bis die Butter schmilzt. Vom Herd nehmen, dann die zerdrückte Kartoffel unterrühren und etwas abkühlen lassen.

3 In einer Rührschüssel beide Mehlsorten mit Salz und Kümmel vermengen. Hefemischung und lauwarmen Kartoffelmix mit den Knethaken der Küchenmaschine oder des Handmixer in das Mehl einarbeiten. Alles etwa 4 Minuten durchkneten, bis der Teig weich und geschmeidig ist. Dann auf der leicht bemehlten Arbeitsfläche mit den Händen noch einige Minuten durchkneten. In die Schüssel ½ TL Öl geben, den Teig darin schwenken und 1 Stunde gehen lassen, bis sich das Volumen verdoppelt hat.

4 Ein Backblech mit Backpapier auslegen und mit Mehl bestäuben. Den Teig auf der leicht bemehlten Arbeitsfläche niederboxen und die Walnüsse unterkneten. Nach Belieben den Teig zu 1 großen oder 2 kleinen Laiben formen – rund oder oval. Auf dem Backblech zugedeckt 1 Stunde gehen lassen. Den Backofen auf 200 °C (Umluft oder Unterhitze) vorheizen. Eine ofenfeste Schüssel (nicht aus Glas!) auf dem Boden des Ofens platzieren.

5 Die Oberfläche des Brotes oder der Brote mit einem scharfen Messer kreuzförmig einschneiden und leicht mit Mehl bestreuen. Die Eiswürfel in die vorbereitete Schüssel geben. Die zwei kleineren Brote im Ofen 33–35 Minuten backen. Das große Brot benötigt 45–50 Minuten Backzeit. Das Brot ist fertig, sobald es hohl klingt, wenn man darauf klopft. Aus dem Ofen nehmen und vor dem Anschneiden kurz abkühlen lassen.

Toastbrot

MIT HONIG & HAFERFLOCKEN

Zubereitung: 35 Min.
Gehen: 1 Std. 45 Min.
Backen: 35 Min.

Die Haferflocken verleihen dem Gebäck einen leichten Nussgeschmack – ohne aufdringlich zu sein. Dieser sanfte Geschmack und gerade auch die Kombination aus Haferflocken und Honig macht für mich ein »Comfort Food« daraus.

FÜR 1 BROT IN DER KASTENFORM (11 X 29 CM)

60 g Butter oder Pflanzenöl
420 g Mehl (Type 550)
1 Packung Trockenhefe (7 g) oder ½ Würfel frische Hefe (21 g)
100 g kernige Haferflocken
1½ TL Salz
45 g Honig
250 ml warmes Wasser
Mehl für die Arbeitsfläche
Butter und Haferflocken für die Form

1 Falls Sie Butter verwenden, diese in einem Topf zerlassen und wieder etwas abkühlen lassen. In einer Rührschüssel das Mehl mit Hefe, Haferflocken und Salz vermengen. Die zerlassene Butter oder das Pflanzenöl mit Honig und 250 ml warmem Wasser verrühren und zur Mehlmischung geben.

2 Alles mit den Knethaken der Küchenmaschine oder des Handmixers etwa 4 Minuten durchkneten. Dann den Teig auf der leicht bemehlten Arbeitsfläche mit den Händen noch 2 Minuten kneten. Den Teig in der Schüssel zugedeckt 1 Stunde gehen lassen.

3 Die Kastenform leicht einbuttern und mit Haferflocken ausstreuen. Den Teig auf der leicht bemehlten Arbeitsfläche zu einem länglichen Laib formen und in die Backform legen. Nochmals 45 Minuten in der Form gehen lassen.

4 Den Backofen auf 180 °C (Umluft oder Unterhitze) vorheizen. Eine ofenfeste Form auf den Boden des Backofens stellen und mit kochend heißem Wasser füllen. Das Toastbrot im Ofen etwa 35 Minuten goldbraun backen. Aus dem Ofen nehmen und kurz abkühlen lassen.

TIPP

Wenn Sie eine schön goldene Kruste mögen, streichen Sie das Brot vor dem Backen gleichmäßig mit etwas geschmolzener Butter ein.

Laugen-Bagels

Zubereitung: 50 Min.
Gehen: 1 Std. 30 Min.
Kühlen: 1 Std. (oder über Nacht)
Backen: 10–12 Min.

Laugen-Bagels sind in der Tat ein Rezept, das ich einmal passend zu einem Fußballspiel zwischen Deutschland und Amerika entwickelt habe. Ein bisschen zerrissen zwischen den Teams fühlte ich mich schon, doch herausgekommen ist ein perfektes Zusammenspiel.

FÜR CA. 10 STÜCK

Für den Teig:

550 g Mehl (Type 550)
1 Packung Trockenhefe (7 g) oder ½ Würfel frische Hefe (21 g)
2 TL Salz
1 TL Zucker
350 ml warmes Wasser
30 g weiche Butter
Mehl für die Arbeitsfläche
Öl für Schüssel und Blech
grobes Meersalz oder helle/dunkle Sesamsamen zum Bestreuen

Für das Laugenbad:

2 l kochendes Wasser
80 g Natron

1 Für den Teig Mehl, Hefe, Salz und Zucker vermengen. 350 ml warmes Wasser und die Butter in Stückchen dazugeben. Alles mit den Knethaken der Küchenmaschine oder des Handmixers etwa 5 Minuten kneten. Der Teig ist ein wenig weich – widerstehen Sie der Versuchung, mehr Mehl dazuzugeben. Den Teig auf der leicht bemehlten Arbeitsfläche mit den Händen noch einige Minuten durchkneten. Dann in eine leicht geölte Schüssel geben, mit einem feuchten Tuch abdecken und 45 Minuten gehen lassen.

2 2 Backbleche mit Backpapier auslegen und das Backpapier leicht mit Öl einstreichen, damit die Natronlauge das Backpapier nicht angreifen kann.

3 Ab jetzt sollte die Arbeitsfläche nicht mehr mit Mehl bestäubt sein! Teig in 10 Portionen teilen. Jedes Stück zu einem Strang rollen und um die Hand wickeln, die offenen Enden müssen unter der Handfläche sein. Verbinden Sie die Enden, indem Sie sie mit der Handfläche zusammenrollen. Bagels nebeneinander auf die Bleche setzen und 30 Minuten gehen lassen. Danach mindestens 1 Stunde oder über Nacht in den Kühlschrank stellen. So wird die Oberfläche ausgetrocknet, damit die Teiglinge handlicher für das Laugenbad sind.

4 Backofen auf 210 °C (Umluft oder Unterhitze) vorheizen. Für das Laugenbad 2 l Wasser aufkochen, vom Herd nehmen und das Natron dazugeben. Wieder auf den Herd stellen und bei schwacher Hitze köcheln lassen. Je 2–3 Bagels darin etwa 1 Minute pochieren, mit einem Schaumlöffel herausnehmen und abtropfen lassen, auf die Bleche legen und etwa 15 Minuten gehen lassen. Dann mit Salz oder Sesam bestreuen und im Ofen 10–12 Minuten backen. Herausnehmen und kurz abkühlen lassen.

Zubereitung: 45 Min.
Gehen: 1 Std. 30 Min.
Backen: 12 Min.

Semolinabrot-Twisties

MIT KÄSE

Bei diesem Rezept habe ich mich dazu entschlossen, den Käse nicht als Garnitur, sondern direkt ***im Teig*** *zu verarbeiten. Das Resultat ist ein ganz weicher Brot-Stick mit viel Geschmack und einer super Textur.*

FÜR 20 STÜCK

Für den Vorteig:

250 ml warmes Wasser
1 Packung Trockenhefe (7 g) oder ½ Würfel frische Hefe (21 g)
140 g Hartweizengrieß (Semolina)

Für den Hauptteig:

125 ml Milch
1½ EL Olivenöl
420 g Mehl (Type 550)
100 g Käse (z. B. Parmesan, Rauchkäse oder Ihr Lieblingskäse; max. 3 verschiedene Sorten), fein gerieben
1½ EL Zucker
1½ TL Salz
½ TL Kümmel- oder Fenchelsamen
Mehl für die Arbeitsfläche
Grieß, Polenta oder Olivenöl für das Blech
Olivenöl für das Blech und zum Bestreichen
Meersalz, Kümmel- oder Fenchelsamen zum Bestreuen

1 Für den Vorteig 250 ml Wasser mit Hefe und Grieß in einer Rührschüssel verrühren und zugedeckt 45 Minuten gehen lassen – bis sich kleine Bläschen bilden. Inzwischen für den Hauptteig die Milch abkochen, vom Herd nehmen und abkühlen lassen. Dann das Olivenöl untermischen. In einer Schüssel Mehl mit Käse, Zucker, Salz und Kümmel- oder Fenchelsamen vermengen.

2 Mehlmischung und Milch mit den Knethaken der Küchenmaschine oder des Handmixers 3–4 Minuten unter den Vorteig kneten, bis der Teig weich und geschmeidig ist. Auf der leicht bemehlten Arbeitsfläche von Hand noch einige Minuten durchkneten. Den Teig in der Schüssel zugedeckt 30 Minuten gehen lassen.

3 Backofen auf 225 °C (Umluft oder Unterhitze) vorheizen. 2–3 Backbleche mit Grieß oder Polenta bestreuen oder mit Olivenöl bestreichen. Den Teig auf der leicht bemehlten Arbeitsfläche zu einem Quadrat (30 x 30 cm) ausrollen.

4 Teig halbieren und jede Hälfte nochmals in 10 Stücke teilen (je 3 x 15 cm). In jedes Stück mittig einen Schlitz schneiden und dabei zum Ende hin 2 cm aussparen – sodass Sie die Teigstücke nicht komplett trennen. Die Enden miteinander verdrehen. Die Twisties auf die Bleche setzen, mit etwas Meersalz und Kümmel- oder Fenchelsamen bestreuen. 15 Minuten ruhen lassen, im Ofen 12 Minuten (mit Wasserdampf, wenn man mag) backen.

Zubereitung: 50 Min.
Gehen: 2 Std.
Backen: 40–50 Min.

Monkey Bread

KRÄUTERBROT MAL ANDERS

Monkey Bread habe ich bis jetzt immer süß gebacken . Jetzt ist die Zeit für eine herzhafte Variante gekommen. Die Kombination aus buttrigem Geschmack, frischen Kräutern und Knoblauch ist meine Version eines Kräuterbrots.

FÜR 1 KASTENFORM (11 X 29 CM)

Für den Teig:

125 ml warmes Wasser
1 Packung Trockenhefe (7 g) oder ½ Würfel frische Hefe (21 g)
1 Prise Zucker
250 ml Buttermilch, Zimmertemperatur (ersatzweise Sauermilch oder Magermilch, mit 1½ TL Essig 5 Minuten angesäuert)
150 g Vollkornweizenmehl
100 ml warmes Wasser
50 ml Olivenöl
25 g Honig
540 g Mehl
¼ TL Natron
15 g Salz
Mehl für die Arbeitsfläche
weiche Butter für Schüssel und Form

Für den Kräuter-Mix:

50 g Butter
1 Knoblauchzehe
¼ TL Meersalz
4–5 EL frische Kräuter (z. B. Schnittlauch, Estragon, Thymian oder Salbei), fein gehackt
½ TL Mehl

1 Für den Teig in einer Rührschüssel 125 ml warmes Wasser, Hefe, Zucker, Buttermilch und Vollkornmehl verrühren, zugedeckt 45 Minuten gehen lassen. 100 ml warmes Wasser mit Olivenöl und Honig verrühren. Mehl mit Natron und Salz vermengen.

2 Mehlmischung und Honigmix unter den Vorteig rühren. Alles mit den Knethaken der Küchenmaschine oder des Handmixers 3–4 Minuten zu einem weichen Teig kneten. Dann auf der leicht bemehlten Arbeitsfläche mit den Händen noch einige Minuten durchkneten. Der Teig kann etwas klebrig sein – bitte kein weiteres Mehl einarbeiten! Die Schüssel mit 1 TL Butter ausstreichen und den Teig darin zugedeckt etwa 45 Minuten gehen lassen, bis sich das Volumen verdoppelt hat.

3 Inzwischen für den Kräuter-Mix die Butter zerlassen. Knoblauch schälen, mit dem Salz zerdrücken und unter die Butter rühren. Kräuter und Mehl in einem tiefen Teller vermengen.

4 Den Teig auf der leicht bemehlten Arbeitsfläche niederboxen und einige Minuten ruhen lassen. Die Form einbuttern und mit Backpapier auslegen. Den Teig in kleine Stücke (à ca. 30 g) teilen und jeweils zu kleinen Kugeln formen. Zuerst durch die Butter und dann durch den Kräuter-Mix wälzen. Die Kugeln nacheinander in die Form setzen und zugedeckt 30 Minuten gehen lassen. Den Backofen auf 195 °C (Umluft oder Unterhitze) vorheizen.

5 Das Brot 40–50 Minuten backen. Dabei nach 30 Minuten die Farbe prüfen und das Gebäck bei Bedarf mit Backpapier abdecken. Herausnehmen und vor dem Servieren abkühlen lassen.

Create your own

Für ein **Pull apart Bread** den Teig auf der leicht bemehlten Arbeitsfläche zu einem Rechteck (30 x 40 cm) ausrollen. Mit der Knoblauchbutter bestreichen und mit dem Kräuter-Mix bestreuen. Den Teig längs in sechs Streifen schneiden und die Streifen mit einem Spachtel übereinanderlegen. Den Teigblock in 7 Quadrate (ca. 6 x 6 cm) schneiden und hochkant nebeneinander in die Backform setzen. Dann wie beschrieben backen.

Für **Dinner Rolls** je 3 Kugeln in die Mulden eines Muffinblechs setzen, wie beschrieben gehen lassen und im Ofen 17 Minuten backen. Bei dieser Variante passt auch noch gut 100 g fein geriebener Rauchkäse in den Kräuter-Mix.

Vielfalt aus dem Ofen

KOMFORTZONE UND RISIKOBEREITSCHAFT

Ich bin ein echter »Risk-Taker«. Ich zog in ein Land, dessen Sprache ich nicht sprach. Ich gründete erfolgreich eine Firma, obwohl mir keine formale Ausbildung dafür vorlag. Und wenn ich ehrlich bin, fühlte ich mich manchmal eher blind als tapfer. Mein größter Erfolg war meist eine Frage der Haltung: mit erhobenem Haupt aus meiner Komfortzone herauszutreten. Denn das Vertraute kann auch ein Feind sein, wenn Sie nach einer Herausforderung suchen. Veränderung ist Ihr Freund!

Doch was passiert, wenn Veränderung Sie in kaltes Wasser schubst oder Ihre Leistung sich als bittere Zitrone entpuppt? Man sagt bei uns, dass alles, was nass wird, auch wieder trocknet. Und wenn das Leben Ihnen Zitronen gibt, machen Sie Limonade daraus. Oder besser noch: Lemon Curd!
Bleiben Sie in dem Moment ruhig, behalten Sie einen klaren Kopf und huldigen Sie dem Unerwarteten. Denn die Akzeptanz einer Situation ist schon der halbe Weg, eine Herausforderung zu meistern. Und es gibt keinen Ersatz für Erfahrung. Manch eine Entscheidung kann schmerzvoll sein – doch gehört jede zum persönlichen Wachstum dazu. Dann zurückzuschauen und all das zu betrachten und zu analysieren, macht uns stark und weiser. Nehmen Sie die Herausforderungen an und verlassen Sie Ihre Komfortzone – man lebt schließlich nur einmal. In diesem Sinne probieren Sie doch mal Ihren eigenen Sauerteigstarter, Strudelteig oder sogar Blitzblätterteig und erweitern Sie damit Ihren Backhorizont!

Sauerteig

SCHLÜSSEL ZUM ERFOLG

Ein Sauerteigstarter ist ein bisschen wie ein neuer Mitbewohner – und später dann wie ein neuer Freund. Und man kann doch nie genug tolle Freunde an seiner Seite haben!

DER STARTER

Einen Sauerteigstarter von Anfang an selbst zu kreieren ist nicht schwer, wenn man ein paar Dinge beachtet. Es geht darum, wilde Hefe- und Milchsäurebakterien zu nutzen – die befinden sich schlicht und einfach in der Luft und im Mehl.
Sauerteig lebt, also achten Sie auf seine Temperatur. Am besten starten Sie mit einem Vollkornmehl (Weizen oder Roggen), weil darin eine bessere mikrobiologische Flora vorhanden ist.

Auf Seite 176 finden Sie zwei Rezepte für Sauerteigstarter, eines mit Wasser und eines mit Ananassaft. Beim Ananassaft stutzen Sie vielleicht, aber ich sage Ihnen: Ananassaft hat genau die richtige Säure, um ein gutes Bakterienwachstum zu fördern. Egal, welches Rezept Sie verwenden – beide werden Ihnen erstaunliche Ergebnisse bescheren.

DEN STARTER RICHTIG FÜTTERN

Wenn Sie Ihren Starter füttern, müssen Sie gleichzeitig die Hälfte davon abnehmen und entfernen. Das ist wichtig aus den folgenden Gründen:
1. Damit halten Sie ihn auf einem konstanten pH- bzw. Säurelevel.
2. Das geringere Volumen ermöglicht ein besseres Gleichgewicht für die Hefe. Die Hefe, die im Starter übrig bleibt, hat mehr »zu essen«, weil das neue »Futter« auf weniger einzelne Hefezellen aufgeteilt werden muss.
3. Falls Sie keine großen Mengen backen wollen, wäre ein Starter, der nicht geteilt wird, mit der Zeit schlicht zu viel.
Der weitere Vorteil: Sie können die abgenommene Hälfte des Starters für Pancakes oder Waffeln (s. S. 188) verwenden – oder an Freunde weitergeben.

HALTUNG UND WACHSTUM

Wenn Sie oft mit dem Starter backen und Wachstum und Entwicklung fördern wollen, halten Sie den Starter bei 18–20 °C und füttern Sie ihn einmal pro Woche. Dafür einfach 100 g Starter abwiegen und 100 ml Wasser und 100 g Mehl einrühren. Wenn Sie ein bisschen mehr Mehl (150 g) hinzufügen, wird der Starter dicker und kann länger (bis zu 10 Tage) bis zur nächsten Fütterung warten.
Wenn Sie den Starter verlangsamen möchten, da Sie ihn weniger benutzen, stellen Sie ihn einfach in den Kühlschrank. Kälte wiegt den Starter in den Schlaf. Einen Tag, bevor Sie ihn verwenden möchten, nehmen Sie ihn wieder aus dem Kühlschrank, um ihn Zimmertemperatur annehmen zu lassen und aufzuwecken.

EINSCHLAFEN LASSEN & LAGERN

Wenn Sie den Starter länger aufbewahren wollen, ohne ihn zu verwenden, dann trocknen Sie ihn einfach.

- Bringen Sie ihn dafür auf Raumtemperatur, geben Sie ihm eine Standard-Fütterung und warten Sie, bis er leicht blubbert.
- Legen Sie 2–3 Backbleche mit Backpapier aus.
- Jetzt den Starter in einer dünnen Schicht auf dem Backpapier verstreichen und trocknen lassen. Je nach Wetter- und Klimabedingungen kann das 1–4 Tage dauern.
- Wenn der Starter getrocknet ist, brechen Sie ihn in kleine Stücke, geben diese in ein luftdicht verschließbares Gefäß und stellen es kühl (nicht im Kühlschrank). So wird der Starter für viele Jahre an Ihrer Seite überleben.
- Um ihn wieder aufzuwecken, geben Sie etwa 50 g getrockneten Starter in einen großen Behälter und fügen zweimal das Gewicht in warmen Wasser (100 ml) hinzu, um die Stückchen darin aufzuweichen.
- Nach einigen Stunden geben Sie 50 g Mehl hinzu, verrühren alles und decken das Gefäß ab. Je nach Temperatur und Klima blubbert der Starter dann 1–2 Tage.
- Dann füttern Sie ihn mit 50 g Mehl und 50 ml Wasser. Abdecken und 12–24 Stunden aufblubbern lassen.
- Wenn die Masse gut aussieht, können Sie 100 g Starter abwiegen und wieder dem normalen Fütterungsplan folgen.

FEHLERSUCHE

Je wärmer der Raum ist, desto mehr fühlt sich der Sauerteig gehetzt – was zu einem Starter führt, der schneller fermentiert als Sie ihn benutzen können. Deswegen verwendet man für den Starter sowie den Vorteig auch kein warmes Wasser. Wenn sich der Starter trennt und eine bräunliche Flüssigkeit auf der Oberfläche zu sehen ist, bedeutet das, dass der Starter müde und fermentiert ist. Doch das ist kein Problem. Verrühren Sie die Mischung, wiegen Sie 100 g ab (werfen Sie den Rest weg) und fügen Sie 100 ml Wasser und 100 g Mehl hinzu. Füttern Sie ihn dann 2–3 Tage – er wird wieder genesen.

SAUERTEIGSTARTER ODER HEFE

Sauerteig kann man auch bei fast jedem Hefeteigrezept einsetzen, man verwendet anstelle von 7 g Trockenhefe 240 ml Sauerteigstarter.
Übrigens: Sauerteigbrot hält länger als normales Hefebrot wegen seines höheren Säuregehalts. Es braucht länger, um sich zu entwickeln, bleibt dafür aber auch länger frisch. Brotbäcker sagen, je länger es dauert, um ein Brot zu machen, desto langsamer verdirbt es. Und wenn man Sauerteig mit Natron kombiniert, entstehen Gase, die den Teig luftig machen.

SAUERTEIG RICHTIG BACKEN

Wenn Sie keinen Gärkorb haben, können Sie ihn mit jeder Schüssel oder einem großen Sieb und einem gut bemehlten Küchentuch nachbauen. Wenn Sie planen, ein Brot in einer Backform zu backen – dann lassen Sie es direkt darin aufgehen. Wichtige Hinweise zum Thema Feuchtigkeit bzw. Dampf im Ofen für eine schöne Kruste finden Sie auf S. 16.

Zubereitung: 30 Min.
Gehen: 4–5 Tage

Sauerteigstarter

GRUNDREZEPTE

FÜR JEWEILS 500 ML STARTER

Starter I mit Roggenmehl

Tag 1
100 g Roggenmehl (Type 997)
100 ml Wasser
Tag 2
100 g Roggenmehl (Type 997)
100 ml Wasser
Tag 3
100 g Roggenmehl (Type 997)
100 ml Wasser
Tag 4
100 g Roggenmehl (Type 997)
100 ml Wasser
Tag 5
Los geht's!

Starter II mit Weizenmehl

Tag 1
140 g Vollkornweizenmehl
180 ml Ananassaft
Tag 2
140 g Mehl (Type 550)
125 ml Ananassaft
Tag 3
140 g Mehl (Type 550)
125 ml Wasser
Tag 4
125 g Mehl (Type 550)
125 ml Wasser
Tag 5
100 g Mehl (Type 550)
100 ml Wasser
Tag 6
Los geht's!

Tag 1

In einem Behälter mit Deckel (ca. 1 l Fassungsvermögen; aus Kunststoff, Glas oder Keramik) jeweils alle Zutaten für den gewünschten Startertyp gründlich verrühren. Die Schüssel mit Küchenpapier abdecken, mit einem Gummiband um den Rand befestigen und bei Zimmertemperatur über Nacht stehen lassen. So kann der Starter atmen.

Tag 2

Starter I: Die Hälfte des Starters entfernen, anschließend Mehl und Wasser hinzufügen und gründlich unterrühren.
Starter II im Ganzen belassen und einfach Mehl und Ananassaft hinzufügen. Beide Starter mit Küchenpapier bedecken und mit einem Gummiband am Rand befestigen. Über Nacht bei Zimmertemperatur stehen lassen.

Tag 3 + 4

Starter I: Die Hälfte des Starters entfernen, anschließend Mehl und Wasser hinzufügen und gründlich unterrühren.
Starter II: Die Hälfte des Starters entfernen und Mehl und Wasser hinzufügen. Beide Starter mit Küchenpapier bedecken und mit einem Gummiband am Rand befestigen. Über Nacht bei Zimmertemperatur stehen lassen.

Tag 5

Starter I ist nun fertig – verwenden Sie ihn nach Rezeptangabe.
Starter II: Die Hälfte des Starters entfernen und Mehl und Wasser hinzufügen. Mit Küchenpapier bedecken und mit einem Gummiband am Rand befestigen. Über Nacht bei Zimmertemperatur stehen lassen.

Tag 6

Starter II ist nun ebenfalls einsatzbereit.

Roggenbrot

Zubereitung: 40 Min.
Gehen: ca. 15 Std.
Backen: 40 Min.

FÜR 1 BROT IM GUSSEISERNEN BRÄTER MIT DECKEL

Für den Vorteig:

200 ml Sauerteigstarter (s. S. 176)
70 ml Wasser
70 g Mehl (Type 550)
30 g Roggenmehl (Type 997)
10 g Zuckerrübensirup

Für Hauptteig:

225 ml Wasser
375 g Mehl (Type 550)
50 g Roggenmehl (Type 997)
10 g Salz
½ EL Kümmelsamen, nach Belieben
Mehl für Arbeitsfläche und Gärkorb
Polenta für den Brotschieber
2 Handvoll Eiswürfel zum Backen

1 Am Vortag für den Vorteig den Sauerteigstarter mit 70 ml Wasser, beiden Mehlsorten und Sirup in einer Rührschüssel vermengen. Mit Frischhaltefolie abdecken und 8–12 Stunden oder über Nacht gehen lassen.

2 Am nächsten Tag für den Hauptteig 225 ml Wasser, beide Mehlsorten, Salz und nach Belieben Kümmel hinzufügen und alles mit den Knethaken der Küchenmaschine oder des Handmixers 10 Minuten gut durchkneten. Anschließend auf der leicht bemehlten Arbeitsfläche mit einem Teigschaber durchkneten. In der Schüssel zugedeckt 1 Stunde 30 Minuten gehen lassen.

3 Inzwischen den Gärkorb gut mit Mehl ausstäuben (alternativ Schüssel oder Sieb mit 20–22 cm Ø mit einem Küchentuch auslegen und gut mit Mehl bestäuben). Teig leicht zusammendrücken und mehrmals falten, bis ein runder Ball entsteht. Mit der Nahtseite nach oben im Gärkorb zugedeckt 1,5–2 Stunden gehen lassen.

4 Backofen auf 220 °C (Umluft oder Unterhitze) vorheizen. Sie können das Brot in einem gusseisernen Bräter mit Deckel oder auf einem Backblech backen. Beides im Ofen mit vorheizen.

5 **Bräter:** Laib direkt in den vorgeheizten Bräter mit Nahtseite nach unten stürzen. Oben 3–4 mm tiefe Schlitze einschneiden und mit geschlossenem Deckel 15 Minuten backen. Die Temperatur auf 200 °C reduzieren und das Brot ohne Deckel 25 Minuten backen.
Backblech: Ofenfeste Schüssel (nicht aus Glas!) auf dem Boden des Ofens platzieren und Sprühflasche mit Wasser bereitstellen. Brotschieber mit Polenta bestreuen und den Laib damit mit der Nahtseite nach unten auf das vorgeheizte Backblech stürzen. Einige Schlitze oben einschneiden, mit Wasser besprühen und Eiswürfel in die Schüssel geben. In den Ofen schieben und in den ersten 10 Minuten einige Male mit Wasser besprühen – für eine wunderbare Kruste. Nach 15 Minuten die Temperatur auf 200 °C reduzieren und das Brot weitere 25 Minuten backen.

6 Das Brot ist fertig, sobald es hohl klingt, wenn man darauf-klopft. Aus dem Ofen nehmen und vor dem Anschneiden auf einem Kuchengitter mindestens 15 Minuten abkühlen lassen.

Zubereitung: 30 Min.
Gehen: 15 Std.
Backen: 35 Min.

Landbrot

Das Landbrot bekommt eine besonders schöne Kruste, wenn man es in einem gusseisernen Topf bäckt. Das Brot an sich ist sehr lange haltbar – falls überhaupt lange etwas davon übrig bleibt.

FÜR 1 BROT IM GUSSEISERNEN BRÄTER MIT DECKEL

Für den Vorteig:
200 ml Sauerteigstarter (s. S. 176)
300 ml Wasser
110 g Mehl (Type 550)
55 g Vollkornweizenmehl
55 g Roggenmehl (Type 1150)

Für den Hauptteig:
335 g Mehl (Type 550)
50 g Vollkornweizenmehl
2 ½ TL Salz
Mehl für Arbeitsfläche und Gärkorb
Polenta für das Blech
2 Handvoll Eiswürfel zum Backen

1 Am Vortag für den Vorteig den Sauerteigstarter mit 300 ml Wasser und den 3 Mehlsorten in einer Rührschüssel verrühren. Mit Frischhaltefolie abdecken und 8–12 Stunden oder über Nacht gehen lassen.

2 Am nächsten Tag für den Hauptteig beide Mehlsorten sowie Salz zum Vorteig hinzufügen und alles mit den Knethaken der Küchenmaschine oder des Handmixers 10 Minuten gut durchkneten. Den Teig zugedeckt 1 Stunde 30 Minuten gehen lassen.

3 Inzwischen den Gärkorb gut mit Mehl ausstäuben (alternativ eine Schüssel oder ein Sieb mit 20–22 cm Ø mit einem Küchentuch auslegen und großzügig mit Mehl bestäuben). Den Teig etwas zusammendrücken und mehrmals falten, bis ein runder Ball entstanden ist. Mit der Nahtseite nach oben in den Gärkorb legen und zugedeckt 2–3 Stunden gehen lassen.

4 Den Backofen auf 220 °C (Umluft oder Unterhitze) vorheizen, falls vorhanden mit einem Backstein. Eine ofenfeste Schüssel (nicht aus Glas!) auf dem Boden des Ofens platzieren und Sprühflasche mit Wasser bereitstellen. Ein Backblech mit Polenta bestreuen. Falls Sie einen Backstein verwenden, auch diesen und den Brotschieber mit etwas Polenta bestreuen.

5 Teig vorsichtig (damit er nicht in sich zusammenfällt!) auf das Backblech bzw. den Schieber stürzen, sodass die Nahtseite unten ist. Oben 3–4 mm tiefe Schlitze einschneiden und großzügig mit Wasser besprühen. Eiswürfel in die Schüssel geben und das Brot im Ofen zuerst 15 Minuten backen, dabei mehrmals mit Wasser besprühen. Danach die Temperatur auf 210 °C reduzieren und das Brot weitere 15 Minuten backen. Die Ofentemperatur erneut auf 200 °C reduzieren und das Brot noch 5 Minuten backen. Das Brot ist fertig, sobald es hohl klingt, wenn man daraufklopft. Aus dem Ofen nehmen und vor dem Anschneiden auf einem Kuchengitter mindestens 15 Minuten abkühlen lassen.

Focaccia

MIT OLIVEN & KRÄUTERN

Zubereitung: 30 Min.
Gehen: 11 Std. 15 Min.
Backen: 30 Min.

Jeder liebt Focaccia – hier ist ein wunderbares Sauerteigrezept dafür. Verfeinern Sie es mit karamellisierten Zwiebeln und Kräutern oder halten Sie es schlicht mit gehacktem Rosmarin oder Salbei.

FÜR 2 RUNDE BACKFORMEN (25 CM Ø) ODER 2 QUADRATISCHE BACKFORMEN (23 X 23 CM)

Für den Vorteig:

250 ml Sauerteigstarter (s. S. 176)
250 ml Wasser
100 g Mehl (Type 550)
50 g Roggenmehl (Type 1150)
2 EL Olivenöl

Für den Hauptteig:

400 g Mehl (Type 550)
2 TL Salz
1 EL zerstoßener schwarzer Pfeffer, nach Belieben
2 EL Olivenöl
50 ml Wasser
Olivenöl für die Formen

Für das Topping:

2 EL Olivenöl, vor dem Backen bestreichen
2 EL Wasser
1 EL frischer Thymian, Rosmarin oder Salbei, fein gehackt
1 Handvoll Oliven (entsteint), grob gehackt
1–2 EL Olivenöl, nach dem Backen bestreichen
1–2 TL grobes Meersalz

1 Am Vortag für den Vorteig den Sauerteigstarter mit 250 ml Wasser, beiden Mehlsorten und Olivenöl in einer Rührschüssel vermengen. Abgedeckt 8–10 Stunden oder über Nacht gehen lassen.

2 Am nächsten Tag für den Hauptteig das Mehl mit dem Salz und nach Belieben mit Pfeffer vermengen. Den Vorteig sowie 2 EL Olivenöl und 50 ml Wasser hinzufügen und alles mit den Knethaken der Küchenmaschine oder des Handmixers 4 Minuten gut durchkneten. Seien Sie dabei geduldig – der Teig ist sehr weich und klebrig. Lassen Sie den Teig nun in der Schüssel ruhen, während Sie die Backformen vorbereiten.

3 Die Backformen großzügig mit Olivenöl ausstreichen – etwa 3 EL pro Form. Die Focaccia nimmt das Öl auf, was später für eine tolle Textur sorgt. Den Teig halbieren, in die vorbereiteten Formen geben und einmal im Öl schwenken. Dann die Teigfladen umdrehen, mit den Fingern auf die volle Größe der Formen flach drücken und zugedeckt 45 Minuten gehen lassen.

4 Für das Topping 2 EL Olivenöl mit 2 EL Wasser verrühren. Die Teigfladen mit Kräutern und Oliven bestreuen und mit den Fingerspitzen kleine Mulden hineindrücken. Den Teig mit dem Olivenöl-Wasser bestreichen und nochmals zugedeckt 30 Minuten gehen lassen, sodass der Teig das Topping etwas umhüllen kann.

5 Inzwischen den Backofen auf 230°C (Umluft oder Unterhitze) vorheizen. Die Focaccia in den Ofen schieben und die Temperatur sofort auf 200°C reduzieren. Die Brote in 30 Minuten goldbraun backen. Herausnehmen, sofort nochmals mit 1–2 EL Olivenöl bestreichen und mit grobem Salz bestreuen.

Schmetterlinge

Zubereitung: 45 Min.
Gehen: 14 Std. 30 Min.
Backen: 13 Min.

Dies ist eine Hommage an Schmetterlingsgebäck aus meiner Kindheit. Sie ähneln den Hamburger Franzbrötchen. Durch den Sauerteig erhalten Sie eine subtile Geschmackserweiterung.

FÜR 24 STÜCK

Für den Vorteig:
400 ml Sauerteigstarter (s. S. 176)
100 ml Buttermilch
100 g Mehl (Type 550)

Für den Hauptteig:
650 g Mehl (Type 550)
100 g brauner Zucker
2 TL Natron
2 TL Salz
60 g weiche Butter
2 Eier
180 ml Wasser
Mehl für die Arbeitsfläche

Für die Füllung:
40 g Butter
140 g Rohrohrzucker
4 TL gemahlener Zimt

1 Am Vortag für den Vorteig den Sauerteigstarter mit Buttermilch und Mehl in einer Rührschüssel vermengen. Mit Frischhaltefolie abdecken und 8–12 Stunden oder über Nacht bei Zimmertemperatur gehen lassen.

2 Am nächsten Tag für den Hauptteig Mehl, Zucker, Natron und Salz vermengen. Mit Butter, Eiern und 180 ml Wasser dem Vorteig hinzufügen und alles mit den Knethaken der Küchenmaschine oder des Handmixers 6 Minuten gut durchkneten. Der Teig ist ziemlich weich, das ist richtig so. Bitte arbeiten Sie nicht zu viel zusätzliches Mehl ein. Anschließend den Teig auf der leicht bemehlten Arbeitsfläche mit den Händen mehrere Minuten durchkneten. In der Schüssel 1 Stunde 30 Minuten gehen lassen.

3 2 Backbleche mit Backpapier auslegen. Für die Füllung Butter in einem Topf zerlassen. Rohrzucker und Zimt in einer kleinen Schüssel vermengen. Den Teig halbieren und jede Hälfte zu einem Rechteck (30 x 40 cm) ausrollen. Mit zerlassener Butter bestreichen und mit Zimt-Zucker-Mischung bestreuen. Die Rechtecke von der Längsseite her aufrollen und in 12 gleich große Stücke schneiden. Am besten funktioniert das so: Die Rollen erst halbieren, dann jede Hälfte nochmals teilen und jedes Teigstück in drei Stücke teilen. So haben Sie gleichmäßig große Stücke.

4 Jedes Teigstück mit einem Stift oder Essstäbchen in der Mitte parallel zu den Enden tief eindrücken, sodass eine Schmetterlingsform entsteht. Auf die Backbleche setzen und zugedeckt noch 1 Stunde gehen lassen. Den Backofen auf 185 °C (Umluft oder Unterhitze) vorheizen. Die Schmetterlinge im Ofen 13 Minuten goldbraun backen. Aus dem Ofen nehmen und vor dem Servieren kurz abkühlen lassen.

TIPP

Für Zimt-Zucker-Streusel 90 g Mehl, 4 EL Zucker, 60 g weiche Butter und 3 TL gemahlenen Zimt in einer Schüssel mischen und krümelig verreiben. Die Schmetterlinge vor dem Backen damit bestreuen.

Zubereitung: 30 Min.
Gehen: 13 Std.

Toasties

Toasties (oder auch »English Muffins« genannt) werden in der Pfanne gebacken. Zum Servieren mit einem Brotmesser quer aufschneiden, toasten und genießen! Vollständig abgekühlt lassen sie sich auch wunderbar einfrieren.

FÜR 10–12 TOASTIES

Für den Vorteig:
100 ml Sauerteigstarter (s. S. 176)
200 ml Milch
100 g Mehl
1 Prise Zucker

Für den Hauptteig:
75 ml Wasser
280 g Mehl
75 g (Vollkorn-) Weizenmehl
½ TL Zucker
¾ TL Natron
¾ TL Salz
Polenta für Blech und Toasties
Mehl für die Arbeitsfläche
Pflanzenöl oder Schmalz zum Ausbacken

1 Am Vortag für den Vorteig den Sauerteigstarter mit Milch, Mehl und Zucker in einer Rührschüssel vermengen. Mit Frischhaltefolie abdecken und 10–12 Stunden oder über Nacht gehen lassen.

2 Am nächsten Tag für den Hauptteig 75 ml Wasser mit beiden Mehlsorten, Zucker, Natron und Salz vermengen und alles mit den Knethaken der Küchenmaschine oder des Handmixers gut durchkneten, bis der Teig weich und geschmeidig ist. Den Teig zugedeckt 30 Minuten gehen lassen.

3 Ein Backblech mit Backpapier belegen und mit Polenta bestreuen. Den Teig auf der leicht bemehlten Arbeitsfläche 2 cm dick ausrollen. Mit einem Glas oder runden Ausstecher 10–12 Kreise (7–8 cm Ø) ausstechen und mit einem Abstand von 2 cm nebeneinander auf das Blech legen. Nach Belieben mit etwas Polenta bestreuen. Zugedeckt 30 Minuten gehen lassen.

4 Eine schwere, gusseiserne Pfanne (die schwerste, die Sie haben und die die Hitze sehr gut leitet) mit etwas Pflanzenöl oder Schmalz bei mittlerer Hitze erwärmen. Die Toasties darin portionsweise mit etwa 2 cm Abstand backen. Dabei jede Seite 3–4 Minuten anbraten, dann wenden. Herausnehmen und auf einem Kuchengitter abkühlen lassen.

Waffeln

Zubereitung: 25 Min.
Gehen: 12 Std.

FÜR CA. 4 GROSSE WAFFELN – JE NACH WAFFELEISEN-GRÖSSE
90 g Butter
250 ml Milch
1 TL Zucker
¾ TL Salz
160 g Mehl
50 g Vollkornweizenmehl
80 ml Sauerteigstarter (s. S. 176)
2 Eier
½ TL Natron
Fett für das Waffeleisen

1 Am Vortag in einem Topf die Butter schmelzen. Vom Herd nehmen, die Milch dazugießen und in der Resthitze nur leicht erwärmen. Zucker, Salz und beide Mehlsorten vermengen. Den Sauerteigstarter unter die Milch-Butter-Mischung rühren, die Mehlmischung hinzufügen und untermischen. Den Vorteig zugedeckt 8–12 Stunden oder über Nacht gehen lassen.

2 Am nächsten Tag Eier und Natron unter den Teig rühren. Der Teig ist etwas dick – das ist genau richtig. Aus dem Teig portionsweise Waffeln in einem gefetteten Waffeleisen backen. (Übrigens: Wenn die Waffeln ganz abgekühlt sind, lassen sie sich wunderbar einfrieren. Dann einfach im Toaster auftauen lassen.)

Pancakes

Zubereitung: 20 Min.

FÜR 15–18 PANCAKES
2 Eier
200 ml Milch
200 ml Sauerteigstarter (s. S. 176)
170 g Mehl
1 TL Natron
¾ TL Backpulver
¼ TL Salz
35 g Zucker
50 g zerlassene Butter
Butter zum Ausbacken und Servieren
1 Handvoll Blaubeeren zum Mitbacken oder Servieren, nach Belieben
Ahornsirup zum Servieren

1 In einer Rührschüssel Eier, Milch und Sauerteigstarter verrühren. In einer weiteren Rührschüssel Mehl, Natron, Backpulver, Salz und Zucker vermengen. Die Eier-Starter-Mischung unterrühren, gefolgt von der zerlassenen Butter.

2 Eine Pfanne mit etwas Butter erhitzen. (Testen Sie die Temperatur mit 1 Spritzer Wasser: Wenn es zischt, kann es losgehen!) Mit einem großen Löffel oder einer Kelle den Teig portionsweise in die Pfanne geben. Achten Sie darauf, dass die Pancakes die gleiche Größe haben und nicht zu nah nebeneinanderliegen.

3 Die Pancakes von einer Seite backen, bis sich große Blasen auf der Oberseite bilden, dann vorsichtig wenden. Herausnehmen und mit etwas Butter, Blaubeeren und Ahornsirup servieren.

TIPP

–

Zum Warmhalten der Pancakes oder Waffeln legen Sie diese nebeneinander auf einen großen Teller oder eine Platte und stellen sie mit einem Küchentuch abgedeckt in den leicht angewärmten Ofen. So trocknen sie nicht aus und erzeugen keinen Dampf, der das Gebäck weich werden lässt.

Brandteig

SCHLÜSSEL ZUM ERFOLG

1. RICHTIG ABBRENNEN
Beim »Abbrennen« ist es wichtig, den Teig so lange zu erhitzen, bis sich ein weißer Belag auf dem Boden des Topfes bildet. Das ist der kritische Punkt im Rezept. Denn es ist wichtig, dass der Teig wirklich gut austrocknet, bevor die Eier hinzugefügt werden. Wenn Ihre Windbeutel flach und feucht werden, heißt das, Sie haben diesen Schritt nicht gründlich genug befolgt.

2. ZUVERSICHT BEIM UNTERRÜHREN DER EIER
Nach dem ersten Ei sieht die Masse vielleicht so aus, als würde sie sich trennen – keine Sorge, das wird schon! Nach dem letzten Ei wird die Masse schön geschmeidig und glänzend sein!

3. BACKOFENTÜR GESCHLOSSEN HALTEN
Die Ofentür während der ersten 10 Minuten der Backzeit auf keinen Fall öffnen, sonst fällt das Gebäck zusammen! Zum Füllen das Gebäck nach dem Backen noch heiß halbieren oder ein kleines Loch an der Seite einstechen, damit der Dampf entweichen kann – so bleibt es knusprig.

Windbeutel

GRUNDREZEPT

Zubereitung: 35 Min.
Backen: 23–26 Min.

Für den Brandteig:
240 ml Wasser (oder eine Mischung aus Milch und Wasser)
120 g Butter, klein geschnitten
¾ TL Salz
150 g Mehl (Type 550)
3 Eier
1 Eiweiß

Für die Glasur:
1 Eigelb, verquirlt
Hagelzucker, nach Belieben

1 Den Backofen auf 220 °C (Umluft oder Unterhitze) vorheizen. 2 Backbleche mit Backpapier auslegen. Einen Spritzbeutel mit passender Tülle bereitlegen – alternativ zwei große Löffel oder einen Eisportionierer. Für den Teig Wasser oder Wasser-Milch-Mischung in einem Topf aufkochen. Vom Herd nehmen, Butter hinzufügen, dann Salz dazugeben. Alles mit einem Holzkochlöffel verrühren, bis die Butter vollständig geschmolzen ist.

2 Dann Mehl in einem Schwung dazugeben und kurz verrühren. Den Topf wieder auf den Herd stellen und die Masse bei mittlerer Hitze unter Rühren 3–4 Minuten erwärmen (»abbrennen«), bis sie einen leichten Film auf dem Topfboden hinterlässt. Die Masse in eine Schüssel geben und mit Küchenmaschine oder von Hand etwa 4 Minuten leicht umrühren, um die Masse abzukühlen.

3 Eier und Eiweiß in einen Messbecher geben. Dann die Eimischung portionsweise mit Holzlöffel, Küchenmaschine oder Handmixer unter den Teigkloß mischen und jeweils gründlich unterrühren.

4 Aus dem Teig mithilfe von Spritzbeutel, Löffeln oder Eisportionierer kleine Kugeln mit 1–2 cm Abstand auf die Bleche setzen. Mit Eigelb bestreichen und nach Belieben großzügig mit Hagelzucker bestreuen. Die Windbeutel im Ofen zuerst 10 Minuten backen. Dann die Ofentemperatur auf 180 °C reduzieren und 13–16 Minuten weiterbacken – je nach Größe. Aus dem Ofen nehmen, kurz abkühlen lassen und noch am selben Tag genießen.

TIPP

Gebäck aus Brandteig lässt sich gut einfrieren. Zum Servieren dann einfach bei Zimmertemperatur auftauen lassen und im Ofen kurz knusprig aufbacken.

Eclairs

Zubereitung: 30 Min.
Backen: 23–26 Min.

FÜR CA. 20 STÜCK
Für den Teig:
1 Rezept Brandteig (s. S. 191)

Für Füllung und Glasur:
1 Rezept Konditorcreme (s. S. 216)
1 Ei, verquirlt, zum Bestreichen
½ Rezept dicke Schokoladensauce (s. S. 218)

1 Den Backofen auf 220 °C (Umluft oder Unterhitze) vorheizen. 2 Backbleche mit Backpapier auslegen. Einen Spritzbeutel mit Sterntülle oder 2 Löffel bereitlegen. Für die Füllung die Konditorcreme wie auf S. 216 beschrieben herstellen.

2 Den Brandteig wie auf S. 191 beschrieben herstellen. Mithilfe des Spritzbeutels gleichmäßig Teigstreifen mit 1–2 cm Abstand auf die Bleche setzen. (Am besten geht das, wenn Sie Orientierungslinien auf das Backpapier zeichnen.) Mit verquirltem Ei bestreichen und 10 Minuten backen. Dann die Temperatur auf 180 °C reduzieren und die Eclairs 13–16 Minuten weiterbacken – je nach Größe.

3 Aus dem Ofen nehmen, sofort einen kleinen Schlitz an der Seite machen und abkühlen lassen. Inzwischen die Schokoladensauce wie auf S. 218 beschrieben herstellen. Die Eclairs halbieren, mit der Konditorcreme füllen und mit der Schokolade bestreichen.

Craquelins

Zubereitung: 30 Min.
Kühlen: 1 Std.
Backen: 23–26 Min.

FÜR CA. 20 STÜCK
Für den Teig:
1 Rezept Brandteig (s. S. 191)

Für die Craquelins:
90 g weiche Butter
100 g brauner oder weißer Zucker
105 g Mehl

1 Backofen auf 220 °C (Umluft oder Unterhitze) vorheizen. 2 Backbleche mit Backpapier auslegen. Einen Eisportionierer oder 2 Löffel bereitlegen.

2 Für die Craquelins Butter mit Zucker cremig aufschlagen. Mehl gut untermischen. Die Masse zwischen 2 Lagen Backpapier 2–3 mm dick ausrollen. Mit dem Papier 1 Stunde kalt stellen.

3 Den Brandteig wie auf S. 191 beschrieben herstellen und mithilfe des Eisportionierers Kugeln mit 1–2 cm Abstand auf die Bleche setzen. Aus der gekühlten Teigplatte in gleicher Größe Kreise ausstechen und auf die Kugeln legen. 10 Minuten backen. Die Temperatur auf 180 °C reduzieren und die Craquelins 13–16 Minuten weiterbacken. Aus dem Ofen nehmen, kleine Schlitze an der Seite machen, damit der Dampf entweichen kann, und kurz abkühlen lassen.

Zubereitung: 45 Min.
Backen: 20–22 Min.

Gougères
MIT KRÄUTERN & KÄSE

Ich liebe diese herzhaften Windbeutel – sie erinnern mich an Julia Child und an meine Mutter in den 1970er-Jahren. Wandlungsfähig und perfekt als kleines Häppchen.

FÜR 18–30 STÜCK

125 ml Milch
125 ml Wasser
¼ TL Salz
120 g weiche Butter, klein geschnitten
140 g Mehl
4 Eier
100–150 g Hartkäse, grob gerieben
1 EL frische Kräuter, fein gehackt
1 Prise frisch geriebene Muskatnuss
Pfeffer
1 Ei, verquirlt, zum Bestreichen

1 Den Backofen auf 215 °C (Umluft oder Unterhitze) vorheizen. 2 Backbleche mit Backpapier auslegen. Einen Spritzbeutel mit passender Tülle oder einen Eisportionierer bereitlegen.

2 Die Milch mit dem Wasser in einem Topf zum Kochen bringen. Salz dazugeben. Den Topf vom Herd nehmen, die Butter hinzufügen. Alles mit einem Holzkochlöffel verrühren, bis die Butter vollständig geschmolzen ist.

3 Dann das Mehl in einem Schwung dazugeben und kurz verrühren. Den Topf wieder auf den Herd stellen und die Masse bei mittlerer Hitze unter Rühren erwärmen (»abbrennen«), bis sie einen leichten Film auf dem Topfboden hinterlässt. Nach und nach kommt die Masse zu einem Kloß zusammen. Das dauert 3–4 Minuten. Dann vom Herd nehmen, den heißen Kloß sofort in eine Schüssel geben und darin 3 Minuten abkühlen lassen.

4 Inzwischen die Eier in einen Messbecher geben und genau 250 ml abmessen. Dann die Eier portionsweise mit Holzlöffel, Küchenmaschine oder Handmixer unter den Teigkloß mischen und jeweils gründlich unterrühren. Zuletzt Käse und Kräuter unterrühren und mit Muskatnuss und Pfeffer würzen.

5 Mithilfe des Spritzbeutels oder des Eisportionierers kleine Kugeln mit 1–2 cm Abstand nebeneinander auf die Bleche setzen. Die Gougères mit verquirltem Ei bestreichen und im Ofen 5 Minuten backen. Dann die Temperatur auf 190 °C reduzieren und die Gougères noch 15–17 Minuten weiterbacken – je nach Größe. Aus dem Ofen nehmen, kurz abkühlen lassen und noch am selben Tag genießen.

Strudelteig

SCHLÜSSEL ZUM ERFOLG

Ich habe meinen ersten Strudel in Wien gekostet ... in einem Café, in dem vier alte Damen Karten gespielt haben. Immer wenn ich einen Strudel esse, denke ich an diese mondänen Damen zurück und erfreue mich an dem Gedanken.

Ähnlich wie der Pie für uns Amerikaner, ist der Strudel hierzulande ein wichtiger Bestandteil der Backtradition. Wenn Sie ein paar Punkte beachten, wird es ein Kinderspiel:

• Verwenden Sie immer ein wenig Essig für den Teig. Das hält ihn elastisch. Im Teig bevorzuge ich zerlassene Butter, denn sie hält den Teig biegsam und geschmeidig.

• Kneten Sie den Teig gründlich, das regt das Gluten an und sorgt für eine elastische Textur. Den Teig mindestens 1 Stunde – bis zu 1 Tag – ruhen lassen, sodass sie ihn besser ausrollen können.

• Seien Sie mit dem Mehl für das Küchentuch großzügig, damit der Teig weder klebt noch reißt. Wenn das passieren sollte, reparieren Sie sofort die Stelle: Sie können ganz einfach ein Löchlein mit etwas Teig »flicken« und weitermachen.

STRUDELTEIG GEKONNT AUS- UND AUFROLLEN

• Beginnen Sie mit einem Nudelholz den Teig auszurollen. Dazu eignet sich ein frei stehender Tisch am besten, damit Sie von allen Seiten an den Teig herankommen.

• Wechseln Sie nun zur Handarbeit (ohne Schmuck). Legen Sie die Hände unter den Teig und machen Sie sanfte Stretch-Bewegungen, während der Teig über die Handoberfläche streicht.

• Beim Bestreichen des Teigs mit zerlassener Butter sollten Sie unbedingt sanft vorgehen. Einfacher ist es, wenn der Strudel vorher 10 Minuten ruht und etwas antrocknet.

• Das Handtuch hilft beim Aufrollen – und gibt dem Strudel Stabilität. Nach der ersten Aufrollung des Strudels klappen Sie die Seiten über die Füllung, um diese zu umschließen.

Zubereitung: 30 Min.
Ruhen: 1 Std.

Strudelteig

GRUNDREZEPT

FÜR 1 GROSSEN STRUDEL (FÜR CA. 8 PERSONEN)

210 g Mehl
½ TL Salz
1 Ei, Zimmertemperatur
20 g Butter, zerlassen und leicht abgekühlt
½ TL heller Essig
80 ml Wasser
Mehl für Arbeitsfläche und Küchentuch
Öl für die Schüssel

1 In einer Rührschüssel Mehl, Salz, Ei, Butter, Essig und 80 ml Wasser mit den Knethaken der Küchenmaschine oder des Handmixers 5 Minuten verkneten.

2 Den Teig dann auf der leicht bemehlten Arbeitsfläche mit den Händen noch 5 Minuten weiterkneten, um das Gluten anzuregen. Traditionell geschieht dies, indem man den Strudelteig einfach hochhebt und auf die Fläche klatschen lässt.

3 Teig zu einer Kugel formen, in die Schüssel ein paar Tropfen Öl geben und den Teig darin schwenken. Mit Frischhaltefolie bedeckt mindestens 1 Stunde (max. 1 Tag) ruhen lassen.

4 Die Arbeitsfläche mit einem sauberen Küchentuch (60 x 100 cm) bedecken. Mehl zum Bestreuen und ein Nudelholz bereitstellen. Das Küchentuch mit Mehl bestäuben. Den Teig in der Mitte des Küchentuchs platzieren und ebenfalls mit Mehl bestäuben. Den Teig dünn ausrollen. Dabei immer wieder wenden und von allen Seiten bearbeiten.

5 Jetzt den Teig leicht dehnen. Dafür die Hände unter den Teig nehmen – mit den Handrücken nach oben – und den Teig in fließenden Bewegungen über die Handrücken ziehen. Dabei in der Mitte beginnen und nach außen arbeiten. Der Teig soll so dünn sein, dass man dadurch eine Zeitung lesen kann. Wenn der Teig die gewünschte Größe hat, nach Wunsch belegen.

TIPP

—

Ich liebe es, Strudel mit Crème Anglaise zu servieren. Probieren Sie mal das Rezept von Seite 198 aus!

Zubereitung: 50 Min.
Ruhen: 1 Std.
Backen: 30 Min.

Apfelstrudel

MIT VANILLESAUCE

Apfelstrudel mit Crème Anglaise ist meine liebste Kombination. Hier verrate ich Ihnen mein Rezept dafür.

FÜR 1 STRUDEL (FÜR 6–8 PERSONEN)

Für den Teig:

1 Rezept Strudelteig (s. S. 197)

Für die Füllung:

ca. 750 g Äpfel (z. B. Boskop)
60–75 g Zucker (je nach Süße der Äpfel)
½ TL gemahlener Zimt, nach Belieben
75 g getrocknete Kirschen oder Rosinen
fein abgeriebene Schale von 1 Bio-Zitrone
Saft von ½ Zitrone
100 g zerlassene Butter
40 g feine Semmelbrösel
50 g fein gemahlene Mandeln
3–4 EL Muscovadozucker

Für die Crème Anglaise:

500 ml Milch (oder Milch und Sahne gemischt)
1 EL Vanilleextrakt (s. S. 12)
4 Eigelb
100 g Zucker

1 Den Strudelteig wie auf S. 197 beschrieben herstellen. Den Backofen auf 220 °C (Umluft oder Unterhitze) vorheizen. Ein Backblech mit Backpapier auslegen.

2 Für die Füllung Äpfel schälen, vierteln, entkernen und würfeln. Mit Zucker, Zimt, Kirschen, Zitronenschale und -saft vermengen. Teig auf einem bemehlten Küchentuch wie auf S. 196–197 beschrieben ausrollen und mit zerlassener Butter bestreichen. Zuerst mit Bröseln, dann mit Mandeln bestreuen.

3 Füllung auf einem schmalen Ende des Teigs verteilen und mit Muscovadozucker bestreuen. Das Teigende mithilfe des Tuchs über die Füllung legen und ein wenig aufrollen. Dann die Seiten umklappen (s. S. 197). Den Strudel mithilfe des Küchentuchs aufrollen und mit der Naht nach unten auf das Blech setzen. Falls der Strudel zu lang für Ihr Backblech ist, in U-Form legen. Den Strudel 10 Minuten ruhen lassen, dann sanft mit zerlassener Butter bestreichen.

4 Strudel 10 Minuten backen. Dann die Temperatur auf 200 °C reduzieren, den Strudel nochmals mit Butter bestreichen und 20 Minuten weiterbacken. Nach 10 Minuten die Farbe prüfen und ggf. mit Backpapier abdecken. Herausnehmen und vor dem Servieren 15 Minuten abkühlen lassen.

5 Für die Crème Anglaise Milch mit Vanilleextrakt erwärmen, bis sich kleine Bläschen bilden. Eigelbe und Zucker mit dem Schneebesen einige Minuten aufschlagen. Die Hälfte der warmen Vanillemilch nach und nach unterrühren, um die Temperatur anzugleichen. Dann die Mischung zur restlichen Milch in den Topf gießen und alles 4–5 Minuten unter Rühren eindicken lassen. Die Masse darf nicht kochen! Die Sauce zum Abkühlen in eine Schüssel geben. Falls sie klumpig wird, durch ein feines Sieb streichen. Den Strudel noch warm mit der Vanillesauce servieren.

TIPP

Testen Sie die Festigkeit der Sauce mit einem Holzlöffel: Kurz eintauchen und mit dem Finger über die am Löffel haftende Sauce streichen. Wenn ein Strich stehen bleibt, ist die Sauce fertig. Wenn alles zerläuft, müssen Sie die Sauce noch weiter erhitzen.

Zubereitung: 40 Min.
Ruhen: 1 Std.
Backen: 26–28 Min.

Ricotta-Strudel

Bei diesem Strudel liebe ich den Kontrast zwischen dem krossen Teig, der cremigen Füllung und der leichten Säure. Statt Ricotta können Sie auch Quark für die Füllung verwenden.

FÜR 1 GROSSEN STRUDEL (FÜR 6–8 PERSONEN)

Für den Teig:
1 Rezept Strudelteig (s. S. 197)

Für die Füllung:
80 g getrocknete Früchte (z. B. Rosinen, Kirschen, Ananas)
4 Eier, getrennt
350 g Ricotta oder Quark (40 % Fett)
100 g Zucker
1 Prise Salz
3 EL Weizengrieß
fein abgeriebene Schale von 1 Bio-Zitrone oder -Orange
100 g Butter, zerlassen und leicht abgekühlt
50 g Semmelbrösel
25 g Zucker für das Eiweiß

1 Den Strudelteig wie auf S. 197 beschrieben herstellen. Den Backofen auf 220 °C (Umluft oder Unterhitze) vorheizen. Ein Backblech mit Backpapier auslegen.

2 Für die Füllung die Trockenfrüchte grob hacken. Die Eigelbe mit Ricotta oder Quark, 100 g Zucker, 1 Prise Salz, Grieß und Zitrusschale verrühren. Alles etwa 30 Minuten ziehen lassen, damit die Masse etwas andickt.

3 Den Teig auf einem bemehlten Küchentuch wie auf S. 196–197 beschrieben hauchdünn ausrollen. Den ausgerollten Strudelteig 10 Minuten ruhen lassen. Dann mit zerlassener Butter bestreichen und mit Semmelbröseln bestreuen.

4 In einer sauberen Schüssel (s. S. 66 Essig-Salz-Methode) die Eiweiße steif schlagen und dabei nach und nach 25 g Zucker einrieseln lassen. Dann den Eischnee unter die Füllung heben.

5 Die Füllung auf einem schmalen Ende des Teigs verteilen. Das Teigende mithilfe des Tuchs über die Füllung legen und ein wenig aufrollen. Dann vorsichtig die Seiten umklappen (s. S. 197). Strudel mithilfe des Küchentuchs aufrollen und mit der Naht nach unten auf das Blech setzen. (Falls der Strudel zu lang für Ihr Backblech sein sollte, ein »U« formen.) Strudel 10 Minuten ruhen lassen, dann mit zerlassener Butter bestreichen.

6 Den Strudel im Ofen 10 Minuten backen. Dann die Temperatur auf 200 °C reduzieren, den Strudel nochmals vorsichtig mit Butter bestreichen und 16–18 Minuten weiterbacken. Nach 10 Minuten die Farbe kontrollieren und bei Bedarf mit Backpapier abdecken. Vor dem Servieren 15 Minuten abkühlen lassen.

Dänischer Plunderteig

SCHLÜSSEL ZUM ERFOLG

Ein Plunderteig ist nichts anderes als ein Hefeteig, in den zusätzlich kalte Butter eingearbeitet wird. Die verschiedenen Schichten aus Teig und Butter bewirken die blättrige Konsistenz, für die Plunderstückchen so bekannt sind. Blättrig und buttrig im Geschmack – ähnlich wie beim Blätterteig – wollen wir das auch beim Plunderteig!

Bevor Sie loslegen, noch ein paar wichtige Informationen für Ihren Schlüssel zum Erfolg:

- Der wichtigste Punkt: **Halten Sie die Butter kalt!** Der Dänische Plunderteig braucht mehrere Kühl- und Ruhephasen. Das sorgt dafür, dass die Butter immer kalt und fest bleibt. Einen Plunderteig an einem warmen Tag oder in einem besonders warmen Raum herzustellen, wird Sie herausfordern.
- Nachdem der Teig kurz ruhen konnte, wird sich das Gluten entspannen – so lässt sich der Teig gut ausrollen und gelingt perfekt.
- Die Arbeitsfläche und das Nudelholz sollten leicht bemehlt sein. Aber vermeiden Sie es, zu viel zusätzliches Mehl in den Teig einzuarbeiten.
- Zu Beginn ist der Teig etwas weich, das ist richtig so.

Zubereitung: 35 Min.
Kühlen: 1 Std. 55 Min.

Plunderteig

GRUNDREZEPT

FÜR 12 ZIMTRÖLLCHEN ODER 10 ZIMTKNOTEN

525 g Mehl (Type 550)
1 Packung Trockenhefe (7 g) oder ½ Würfel frische Hefe (21 g)
50 g Zucker
1 TL Salz
120 ml warmes Wasser
250 ml kalte Milch
2 Eigelb oder 1 ganzes Ei
250 g kalte Butter (am Stück)
Mehl für die Arbeitsfläche

1 In einer Rührschüssel Mehl, Hefe, Zucker und Salz vermengen. In einer weiteren Schüssel 120 ml warmes Wasser, Milch und Eigelbe verquirlen und zur Mehlmischung hinzufügen. Alles mit den Knethaken der Küchenmaschine oder des Handmixers etwa 4 Minuten durchkneten. Der Teig ist etwas weich – das ist korrekt.

2 Teig auf der leicht bemehlten Arbeitsfläche mit den Händen und mithilfe eines Teigschabers einige Minuten weiterkneten. Den Teig leicht mit Mehl bestäuben, in Frischhaltefolie wickeln und 45 Minuten in den Kühlschrank legen. Jetzt das Butterstück zwischen zwei Lagen Backpapier mit einem Nudelholz zügig zu einem flachen Quadrat (20 x 20 cm) ausrollen. Dann ebenfalls kalt stellen.

3 Teig auf der leicht bemehlten Arbeitsfläche zu einem Quadrat (40 x 40 cm) ausrollen und die kalte Butterplatte in die Mitte setzen. Die Seiten zur Mitte hin einklappen und die Enden miteinander verbinden. Arbeitsfläche und Nudelholz leicht bemehlt halten. Teig zu einem 45 cm langen Rechteck ausrollen. Das Rechteck zwei Mal falten wie einen Bogen Briefpapier. Dafür das untere Drittel des Teigs zur Mitte hin umschlagen, das obere Drittel darüberlegen. Den Teig drehen, damit die geschlossene Seite rechts liegt. Jetzt haben Sie 3 Teigschichten hergestellt. Dieser Faltvorgang heißt tourieren. Teigpäckchen leicht mit Mehl bestäuben, in Frischhaltefolie wickeln und 30 Minuten kühlen.

4 Auf der leicht bemehlten Arbeitsfläche ein zweites Mal zu einem 45 cm langen Rechteck ausrollen. Den Faltprozess aus Schritt 3 noch zwei Mal wiederholen und den Teig dazwischen jeweils 20 Minuten in den Kühlschrank legen, um sicherzustellen, dass die Butter schön kalt bleibt. Machen Sie eine kleine Strichliste, damit Sie den Überblick nicht verlieren: 4 x tourieren ist super, 5 x tourieren perfekt, wenn Sie ehrgeizig sind. Jetzt ist der Teig fertig und kann je nach Rezept verwendet werden.

TIPP

Der Teig hält sich im Kühlschrank bis zu 2 Tage oder eingefroren bis zu 3 Monate.

Zimtknoten

Zubereitung: 20 Min.
Gehen: 2 Std. 25 Min.
Backen: 25 Min.

Es gibt viele Rezepte mit Zimt und Zucker – doch hier ist die Kombination aus dem richtigen Dreh, der Form und dem wunderbaren Teig perfekt. Leicht karamellisiert sind Zucker und Teig unglaublich blättrig.

FÜR 30 STÜCK

Für den Teig:

1 Rezept Plunderteig (s. S. 203)
Mehl für die Arbeitsfläche

Für die Füllung:

100 g weiche Butter
60 g Muscovadozucker
1 EL gemahlener Zimt
1 Prise Salz
einige EL Lieblingskonfitüre, nach Belieben

1 2–3 Backbleche mit Backpapier auslegen. Den Teig wie auf S. 203 beschrieben herstellen. Für die Füllung alle Zutaten in einer kleinen Schüssel vermengen. Den Teig halbieren und eine Hälfte zurück in den Kühlschrank legen.

2 Die andere Hälfte auf der leicht bemehlten Arbeitsfläche zu einem Quadrat (30 x 30 cm) ausrollen. Die Füllung gleichmäßig auf einer Hälfte des Teigs verstreichen, die andere Seite darüberfalten und die Ränder miteinander verbinden. Das Teigquadrat quer in 2 cm breite Streifen schneiden, jeden Streifen in sich verdrehen und wie eine Schnecke aufrollen. Verstecken Sie das Ende unter dem Gebäck, damit es nicht aufgeht. Die Knoten mit Backpapier zugedeckt 30 Minuten gehen lassen. Mit der zweiten Teighälfte die Schritte wiederholen.

3 Den Backofen auf 200 °C (Umluft oder Unterhitze) vorheizen. Nach Belieben bei jedem Knoten 1 kleinen Klecks Lieblingskonfitüre in die Mitte geben, und im Ofen 15 Minuten backen. Die Temperatur auf 185 °C reduzieren, die Knoten je nach Farbe eventuell mit Backpapier abdecken und weitere 5–10 Minuten backen, bis sie goldbraun sind.

VARIANTE *Für Zimtschnecken eine runde Backform (25 cm Ø)oder eine quadratische Backform (23 x 23 cm) leicht einbuttern. Plunderteig und Zimtfüllung herstellen. Teig zu einem Rechteck (30 x 40 cm) ausrollen. Füllung darauf verteilen, Teig längs fest aufrollen und in 12 Scheiben schneiden. Diese eng nebeneinander in die Backform setzen und 30 Minuten gehen lassen. Backofen auf 175 °C (Umluft oder Unterhitze) vorheizen, etwa 30 Minuten backen. Nach 15 Minuten bei Bedarf mit Backpapier abdecken. Nach Belieben mit Frischkäseglasur garnieren: Dafür 120 g Frischkäse mit 60 g weicher Butter aufschlagen. 75 g gesiebten Puderzucker hinzufügen. Alles aufschlagen und für die gewünschten Konsistenz einige Tropfen Milch untermischen. Sobald das Gebäck abgekühlt ist, die Glasur darüberträufeln.*

Zubereitung: 30 Min.
Gehen: 2 Std. 25 Min.
Backen: 15–17 Min.

Windräder & Zopf

FÜR 16 STÜCK
Für den Teig:
1 Rezept Plunderteig (s. S. 203)
Mehl für die Arbeitsfläche

Für die Füllung:
125 g Ricotta
40 g Zucker
1 Eigelb
fein abgeriebene Schale von ½ Bio-Zitrone
1 Prise Salz
einige EL Lieblingskonfitüre, nach Belieben

Für die Eiglasur:
1 Eiweiß
1 EL Wasser

1 2–3 Backbleche mit Backpapier auslegen. Für die Eiglasur das Eiweiß mit 1 EL Wasser verquirlen. Den Plunderteig wie auf S. 203 beschrieben herstellen, halbieren und eine Hälfte des Teigs in den Kühlschrank legen.

2 Die erste Hälfte auf leicht bemehlter Arbeitsfläche zu einem Rechteck (20 x 40 cm) ausrollen. Dieses längs halbieren (á 10 x 40 cm) und dann jedes Rechteck in 4 Quadrate (10 x 10 cm) teilen. Von den Ecken diagonal zur Mitte Schlitze mit einem scharfen Messer machen, dabei in der Mitte 3 cm aussparen, um die Füllung daraufzusetzen. Nun haben Sie jeweils 4 in der Mitte zusammenhängende Dreiecke vor sich. Jeweils die rechte Ecke in die Mitte falten, sodass sich ein kleines Windrad formt.

3 Windräder auf die Bleche legen, mit der Eiglasur bestreichen und 30 Minuten ruhen lassen. Mit der zweiten Teighälfte wiederholen. Backofen auf 200 °C (Umluft oder Unterhitze) vorheizen.

4 Für die Füllung Ricotta, Zucker, Eigelb, Zitronenschale und Salz mischen. Je 1 EL Füllung in die Mitte der Teigstücke setzen und nach Belieben Konfitüre daraufgeben. Im Ofen 15–17 Minuten backen. Herausnehmen und 10 Minuten auf dem Blech abkühlen lassen. Dann auf einem Kuchengitter vollständig abkühlen lassen. Nach Belieben mit Puderzuckerglasur (s. S. 126) bestreichen.

VARIANTE *Für 2 gefüllte Ricotta-Zöpfe jede Teighälfte zu einem Rechteck (20 x 35 cm) ausrollen. 3–4 EL Lieblingskonfitüre in der Mitte verstreichen, dabei rundum 2 cm Rand aussparen. Je die Hälfte der Ricotta-Füllung auf der Konfitüre verteilen. An den Seiten jeweils 12 diagonale Schnitte mit etwa 2 cm Abstand parallel in den Teig schneiden. Die Streifen zur Mitte einklappen und dabei abwechselnd übereinanderlegen, sodass ein Flechtmuster entsteht. Die Enden leicht aneinanderdrücken. Die Zöpfe mit Eiglasur bestreichen und 30 Minuten ruhen lassen. Dann im Ofen (vorgeheizt auf 195 °C) 20–22 Minuten backen. Nach 15 Minuten bei Bedarf mit Backpapier abdecken.*

SWEETL

Blitzblätterteig

SCHLÜSSEL ZUM ERFOLG

Blitzblätterteig geht schnell – und mit meinen Tricks auch ganz einfach. Sie werden nie wieder fertigen Teig kaufen wollen!

Blitzblätterteig, wie auch Plunderteig, ist ein typischer Schichtteig. Die Butter enthält Wasser, das beim Backen verdampft. Durch den Dampf entstehen die Teigschichten und ein leichtes, blättriges Gebäck.

HIER NOCH EIN PAAR WICHTIGE PUNKTE ZU IHREM SCHLÜSSEL ZUM ERFOLG:

- Halten Sie die Arbeitsfläche und das Nudelholz bemehlt.
- Denken Sie daran, überschüssiges Mehl abzustreichen, bevor Sie den Teig falten. Das Mehl reagiert wie Klebemittel. Wenn der Dampf beim Backen erzeugt wird, verhindert es das Bilden der Schichten.
- Arbeiten Sie schnell und effizient, während Sie den Teig ausrollen.
- Achten Sie darauf, dass der Teig kalt bleibt, während Sie ihn verarbeiten. Falls er an einem Punkt zu weich erscheint, dann legen Sie ihn zurück in den Kühlschrank, damit er sich wieder stabilisieren kann.
- Auch vor dem Backen sollten Sie den Teig noch einmal kühlen.
- Spritzen Sie ein bisschen Wasser auf das Backpapier. Das bewirkt einen leichten Dampf im Ofen.

MEIN TIPP FÜR TEIGRESTE

Werfen Sie bitte niemals übrig gebliebenen Blätter-, Mürbe- oder Pie-Teig weg! Zum einen ist der Rest nützlich, zum anderen viel zu lecker, um ihn der Mülltonne zu überlassen.

Erst einmal könnte es immer sein, dass Sie noch ein bisschen Teig benötigen, um ein Löchlein im (teilweise gebackenen) Teig zu kaschieren. Denn wenn das Fett schmilzt, kann ein Loch im Teig entstehen – und dann würde die Füllung auslaufen. Daher lege ich Ihnen zwei Dinge ans Herz: Kontrollieren Sie den Teig vor dem Füllen und Backen nochmal gründlich und decken Sie Löcher mit etwas Teig ab. Und zweitens rate ich Ihnen, entweder ein Stück Backpapier auf das Ofengitter zu legen oder die Backform direkt auf einem Backblech zu backen – falls trotzdem etwas Füllung austreten sollte.

Ich liebe es, mit Teigresten kreativ zu sein. Entweder frieren Sie die kleinen Mengen ein – so sammelt sich mit der Zeit genug im Gefrierfach, dass sich wieder etwas Größeres daraus zaubern lässt. Oder noch besser: Sie nutzen die Teigreste um anschließend eigene kleine Köstlichkeiten daraus zu backen. Achten Sie darauf, dass Sie die Teigreste vor dem Backen weiterhin kühl halten. Dann einfach auf der leicht bemehlten Arbeitsfläche ausrollen – dabei aber nicht zu viel Mehl nehmen, wir wollen keine Pappe machen! Hier meine Vorschläge, die Sie bei 200 °C (Umluft oder Unterhitze) je nach Größe, 10–15 Minuten backen:

- **Jam Tarts:** Formen Sie entweder kleine Tartes, die am Rand zusammengedrückt werden oder verwenden Sie kleine Pie-Förmchen. Füllen Sie diese mit einer kleinen Portion Ihrer Lieblingsmarmelade. Denken Sie daran: Marmelade kocht beim Backen richtig auf – also nur ganz wenig nehmen.
- **Mini-Gitter:** Sie können auch kleine Gitter-Netze aus den Teigresten flechten und diese vor dem Backen mit Zimt und Zucker bestreuen.
- **Pie Fries:** Eine schöne Variante sind auch diese süßen Sticks. Dazu den Teig längs in Streifen schneiden und vor dem Backen mit Zimt und Zucker bestreuen.

Zubereitung: 30 Min.
Kühlen: 2 Std. 25 Min.

Blitzblätterteig

GRUNDREZEPT

FÜR 2 PEEK-A-BOO-ODER 2 APFELTARTES

250 g kalte Butter
225 g Mehl (oder 175 g Mehl und 50 g Speisestärke)
½ TL Salz
100 ml kaltes Wasser
1 EL kaltes Sprudelwasser, Wodka oder Essig, damit der Teig besonders zart wird
Mehl für die Arbeitsfläche

1 Die Butter in Würfel schneiden und nochmals zum Durchkühlen 10–15 Minuten in den Kühlschrank legen. In einer Rührschüssel Mehl (und Speisestärke) mit Salz vermengen.

2 Mit Fingerspitzen, Handmixer oder Küchenmaschine die kalte Butter grob in das Mehl einarbeiten, bis alles krümelig ist. 100 ml kaltes Wasser und 1 EL kaltes Sprudelwasser, Wodka oder Essig hinzufügen und alles verrühren, bis gerade so ein Teig entsteht. Den Teig auf der leicht bemehlten Arbeitsfläche zügig zu einer Scheibe formen, damit die Butter nicht weich wird. 10 Minuten kalt stellen, falls der Teig doch weich geworden ist.

3 Nun geht's ans Falten: Teig und Nudelholz leicht bemehlt halten. Den Teig zu einem Rechteck (12 x 30 cm) ausrollen. Das Rechteck zwei Mal falten wie einen Bogen Briefpapier. Dafür das untere Drittel des Teigs zur Mitte hin umschlagen, das obere Drittel darüberlegen. Den Teig drehen damit die geschlossene Seite rechts liegt. Arbeiten Sie schnell und wiederholen Sie das Ganze noch mindestens vier Mal – gerne auch öfter, wenn Sie Spaß daran haben und der Teig gut gekühlt bleibt.

4 Den Teig in Frischhaltefolie wickeln und etwa 2 Stunden (max. 2 Tage) in den Kühlschrank legen. Dieser Kühlprozess ist wichtig: Das Mehl nimmt die Flüssigkeit auf, die Butter wird wieder ganz kalt und das Gluten entspannt sich. Anschließend den Teig je nach Rezept weiterverarbeiten und backen.

Zubereitung: 30 Min.
Kühlen: 3 Std. 25 Min.
Backen: 35 Min.

FÜR 1 TARTE
Für den Teig:
½ Rezept Blitzblätterteig (s. S. 209)
etwas kaltes Wasser
Mehl für die Arbeitsfläche

Für die Füllung:
4 EL Ihrer Lieblingskonfitüre – ich mag Erdbeer oder Himbeer
1 Ei, mit 1 TL Wasser verquirlt

»Peek-a-Boo«

JALOUSIE-TARTE

1 Blätterteig wie auf S. 209 beschrieben herstellen. Ein Backblech mit Backpapier auslegen und etwas kaltes Wasser auf das Papier streichen – das verdampft beim Backen und hilft, dass der Teig gut aufgeht. Den Teig halbieren, eine Hälfte (also ¼ vom Originalrezept) auf der leicht bemehlten Arbeitsfläche zügig zu einem Rechteck (15 x 24 cm) ausrollen und auf das Backpapier legen. Die Ränder glatt abschneiden, sodass alle vier Seiten gerade sind (die Reste in den Kühlschrank legen, s. S. 208). Das Teigrechteck mit einer Gabel mehrmals einstechen – dabei rundum einen etwa 2 cm breiten Rand frei lassen.

2 Die Konfitüre gleichmäßig auf dem Teig verteilen, dabei wieder 2 cm Rand aussparen. Teigränder mit kaltem Wasser bestreichen. Die Kanten nach oben falten und die Ecken verbinden, um die Füllung zu umschließen. Die Ränder mit den Zinken einer Gabel zusammendrücken. Dann kalt stellen.

3 Für den Deckel die Konfitüre-Tarte abmessen und die andere Teighälfte 1 cm länger und breiter ausrollen. Den Deckel einmal längs falten und an der geschlossenen Längsseite mehrere Schlitze parallel einschneiden – dabei einen 2 cm breiten Rand lassen, den Teig also nicht komplett teilen. Die Unterseite aus dem Kühlschrank nehmen, die Ränder mit etwas Wasser bestreichen und den Deckel daraufsetzen. Mit einer Gabel die Seitenränder leicht aneinanderdrücken. Die Tarte 1 Stunde in den Kühlschrank stellen – das stabilisiert den Teig vor dem Backen.

4 Backofen auf 225 °C (Umluft oder Unterhitze) vorheizen. Die Tarte mit dem verquirlten Ei bestreichen und im Ofen zuerst 15 Minuten backen. Dann die Ofentemperatur auf 210 °C reduzieren, die Tarte mit Backpapier abdecken und nochmals 10 Minuten backen. Zuletzt die Ofentemperatur auf 200 °C reduzieren und die Tarte 10 Minuten mit Backpapier bedeckt fertig backen. Es ist sehr wichtig, die Tarte wirklich lang genug zu backen, denn eine feuchte Tarte fällt beim Herausnehmen zusammen.

5 Tarte aus dem Ofen nehmen und noch warm servieren – pur, mit Vanilleeis oder Schlagsahne.

Blättrige Apfeltarte

Zubereitung: 20 Min.
Kühlen: 3 Std. 25 Min.
Backen: 35 Min.

FÜR 1 TARTE

Für den Teig:
½ Rezept Blitzblätterteig (s. S. 209)
etwas kaltes Wasser
Mehl für die Arbeitsfläche

Für die Füllung:
5 EL Aprikosenkonfitüre (ohne Fruchtstückchen)
3 Äpfel (Birnen oder frische Feigen sind auch lecker)
1 Ei, mit 1 TL Wasser verquirlt
Zucker zum Bestreuen

1 Den Blätterteig wie auf S. 209 beschrieben herstellen. Ein Backblech mit Backpapier auslegen und etwas kaltes Wasser auf das Papier streichen – das verdampft beim Backen und hilft, dass der Teig gut aufgeht. Den Teig auf der leicht bemehlten Arbeitsfläche zügig zu einem Rechteck (20 x 30 cm) ausrollen und auf das Backpapier legen. Falls der Teig zu weich werden sollte, nochmals 15 Minuten kalt stellen. Die Ränder begradigen, von allen Rändern 1 cm abschneiden und die Stücke glatt in den Kühlschrank legen.

2 Nun geht es darum, den Teig in die gewünschte Form zu bringen. Dafür müssen die Seiten aufgebaut werden. Die Ränder des Teigs leicht mit kaltem Wasser bestreichen. Die abgetrennten Ränder wie einen Rahmen außen auf das Rechteck legen. Mit einer Gabel alle Ränder vorsichtig festdrücken und den Boden mehrmals einstechen. Den Boden mit der Aprikosenkonfitüre bestreichen und 1 Stunde in den Kühlschrank legen.

3 Inzwischen den Backofen auf 225 °C (Umluft oder Unterhitze) vorheizen. Die Äpfel waschen, mit Schale vierteln, entkernen und in 4 mm dicke Scheiben schneiden. Auf dem gekühlten Boden dekorativ anordnen – halten Sie dabei den Rahmen frei, damit er aufgehen kann. Den Rahmen mit dem verquirlten Ei bestreichen, die Früchte mit einigen Esslöffeln Zucker bestreuen.

4 Die Tarte im Ofen 15 Minuten backen. Dann mit Backpapier abdecken, die Ofentemperatur auf 210 °C reduzieren und die Tarte noch 10 Minuten weiterbacken. Anschließend nochmals die Temperatur auf 200 °C reduzieren und die Tarte 10 Minuten mit Backpapier bedeckt fertig backen. Durch die längere Backzeit karamellisiert die Flüssigkeit aus den Früchten mit dem Zucker.

5 Die Tarte aus dem Ofen nehmen und noch leicht warm servieren – ob pur, mit Vanilleeis oder Schlagsahne. Dieses Gebäck sollte am gleichen Tag verzehrt werden.

Barcomi

Cremes, Frostings & mehr

EINE FRAGE DER HARMONIE UND KONTRASTE

Leicht und fruchtig oder dekadent und schokoladig: Füllungen, Saucen und Frostings geben Ihrem Gebäck die finale Krönung. Bei der Auswahl sollten Sie jedoch immer die jeweiligen Texturen in Betracht ziehen.

Vertrauen Sie dem Geschmack und der Beschaffenheit der einzelnen Komponenten und lassen Sie sie für sich selbst sprechen. Spielen Sie die Geschmäcker nicht herunter oder bedecken Sie diese mit zu vielen Komponenten.
Für die Kombination aus Kuchen und Frosting beherzigen Sie eine wichtige Regel: Je mehr Technik es benötigt, den Kuchen herzustellen, desto raffinierter sollte auch das Frosting sein. Achten Sie dabei jedoch stets darauf, ein ausgewogenes Verhältnis zu schaffen. Cupcakes (s. S. 46–47) sind kompatibel mit allen Frostings und lassen sich auch prima dekorieren. Für Biskuitkuchen finden Sie meine besten und köstlichsten Kombinationen auf Seite 244.
Am Ende geht es darum, dass Sie Ihrer Kreativität freien Lauf lassen können und Ihren eigenen Geschmack finden. Kreieren Sie Ihr eigenes Meisterstück und machen Sie sich dazu Notizen für das nächste Mal, sodass Sie es nicht wieder vergessen. So sehen Sie nach und nach Ihre Erfolge.

Zubereitung: 20 Min.
Kühlen: 20 Min.

Konditorcreme

Diese Creme ist die Grundlage für viele wunderbare Füllungen, zum Beispiel für Brandteiggebäck wie Windbeutel oder für einen Bienenstich! Sie ist international bekannt – als »Crema Pasticcera«, »Pastry Cream« oder »Crème Pâtissière«. Die Creme lässt sich außerdem ganz leicht abwandeln oder mit Butter oder Eiern noch üppiger oder luftiger machen. Varianten finden Sie rechts.

FÜR CA. 600 G

400 ml Milch
1 TL Vanilleextrakt (s. S. 12)
4 Eigelb oder 2 Eier
100 g Zucker
20 g Mehl
20 g Speisestärke
30 g weiche Butter

1 In einem mittelgroßen Topf Milch und Vanilleextrakt erwärmen. In einer Rührschüssel Eigelbe oder Eier und Zucker mit einem Schneebesen cremig-hell aufschlagen. Mehl und Speisestärke unterrühren.

2 Um die Temperaturen anzugleichen, zuerst die Hälfte der erwärmten Milch mit dem Schneebesen unter die Ei-Zucker-Mischung rühren. Dann diese Mischung zur restlichen Milch im Topf geben. Die Masse bei mittlerer Hitze eindicken lassen, dabei ständig rühren, damit sie nicht anbrennt. Das dauert ein paar Minuten. Achten Sie darauf, dass die Masse nicht zu heiß wird – sie brennt sonst an.

3 Sobald die Masse leicht eingedickt ist, den Topf vom Herd nehmen und die weiche Butter unterschlagen.

4 Die Creme in eine Schüssel geben und Frischhaltefolie direkt auf die Oberfläche legen, damit sich keine Haut bildet. Die Schüssel etwa 20 Minuten auf ein Gitter stellen, damit die Luft außen herum zirkulieren kann. Dann kalt stellen. Zum Füllen von Kleingebäck am besten in einen Spritzbeutel füllen.

Create your own

Schokoladencreme: 100 g gehackte Zartbitterschokolade unter die Masse rühren, während diese eindickt.
Mokkacreme: 1 TL Instant-Espressopulver zur Milch hinzufügen.
Mousseline-Creme: Bis zu 250 g weiche Butter unter die abgekühlte Creme ziehen. Die Butter nach und nach dazugeben und mit Küchenmaschine oder Handmixer kräftig unterrühren, bis keine Klümpchen mehr vorhanden sind.
Chiboust: 2 Eiweiß mit 75 g Zucker in einer sauberen Schüssel (s. S. 66 Essig-Salz-Methode) von Hand mit einem Schneebesen über einem Wasserbad 3 Minuten aufschlagen. Vom Wasserbad nehmen und mit Küchenmaschine oder Handmixer 6 Minuten kräftig aufschlagen. Jetzt mit der Konditorcreme vermengen. Super als Füllung für eine Biskuitrolle!

Schokoladensauce

Zubereitung: 10 Min.

FÜR CA. 450 ML
200 ml Wasser
70 g Zucker
125 ml Zuckerrübensirup
70 g ungesüßtes Kakaopulver
50 g Zartbitterschokolade, gehackt (falls keine Milchschokolade verwendet wird, ist die Sauce laktosefrei!)
1 Prise Salz

1 In einem mittelgroßen Topf Wasser, Zucker, Sirup und Kakao mit einem Schneebesen verrühren. Alles bei mittlerer Hitze aufkochen, vom Herd nehmen und die gehackte Schokolade unter Rühren darin schmelzen. Zum Schluss das Salz hinzugeben.

2 Die Sauce abkühlen lassen – dann wird sie etwas dicker. Sie können sie auch sofort und noch leicht warm verwenden. Sie hält sich luftdicht verschlossen im Kühlschrank mehrere Wochen.

Dicke Schokoladensauce

Zubereitung: 10 Min.

FÜR CA. 200 ML
150 g Zart- oder Edelbitterschokolade, gehackt
50 g Sahne
50 ml Zuckerrübensirup
30 g Butter
1 TL Vanilleextrakt (s. S. 12)
1 Prise Salz

1 Alle Zutaten in einem mittelgroßen Topf unter Rühren langsam bei schwacher Hitze erwärmen. Direkt verwenden oder abkühlen lassen und luftdicht verschlossen 2 Wochen im Kühlschrank aufbewahren. Für die spätere Verwendung über einem Wasserbad wieder erwärmen.

2 Diese reichhaltige und glänzende Sauce verdickt sich beim Abkühlen, am besten servieren Sie sie noch leicht warm mit Eiscreme zu gefüllten Windbeuteln oder Eclairs (s. S. 191–192). Für ein Schoko-Aroma können Sie die Sauce auch zur Buttercreme (s. S. 228–229) hinzugeben.

Salzkaramell

Zubereitung: 15 Min.

FÜR CA. 250 ML
100 g Zucker
90 g kalte Butter, in Würfel geschnitten
100 g Sahne
½ TL Meersalz

1 Einen mittelgroßen Topf mit hohen Wänden sorgfältig säubern. Den Zucker darin bei mittlerer Temperatur erhitzen und zerlassen. Dabei nicht rühren – nur zusehen. Sobald sich der Zucker langsam auflöst, die Hitze herunterschalten und den Topf etwas schwenken, damit sich alles gleichmäßig auflöst.

2 Sobald der Zucker leicht gebräunt ist (nicht anbrennen lassen!), die Hitze noch weiter herunterschalten und die Butter mit einem Schneebesen einrühren. Sobald die Butter geschmolzen ist, den Topf vom Herd nehmen und ein paar Sekunden abkühlen lassen.

3 Dann die Sahne unter Rühren mit dem Schneebesen dazugießen. In dem Moment, wo die Sahne dazukommt, blubbert die Masse auf – das ist richtig so! Alles gut verrühren und das Salz unterrühren. Die Sauce vor der Verwendung etwas abkühlen lassen.

4 Dieses Rezept ergibt eine seidige, feine Salzkaramell-Sauce. Sie eignet sich prima für Cheesecakes oder Kuchen. Füllen Sie die Sauce in ein Glasgefäß und lagern Sie sie im Kühlschrank.

Butterscotch

Zubereitung: 15 Min.

FÜR CA. 250 ML
60 g Butter
175 g brauner Zucker
175 g Sahne
1 EL Vanilleextrakt (s. S. 12)
¼ TL Salz

1 In einem Topf mit schwerem Boden die Butter zerlassen. Wenn sie fast flüssig ist, den Zucker unterrühren und bei mittlerer Hitze 4–5 Minuten schmelzen lassen.

2 Hitze reduzieren und Sahne einrühren. Die Sauce wird aufblubbern und es könnten sich ein paar größere Zuckerkristalle zeigen. Das ist alles richtig. Einfach für 2–3 Minuten einköcheln lassen. Vanilleextrakt und Salz hinzufügen. Abkühlen lassen.

TIPP

–

Jede Sauce hält sich im Kühlschrank für etwa 1 Monat. Erwärmen Sie die Sauce über einem Wasserbad, um sie wieder flüssig zu machen.

Zubereitung: 10 Min.

Einfaches Frosting

Dies ist das einfachste Frosting von allen! Sie brauchen nur eine Küchenmaschine oder einen Handmixer, um die Zutaten luftig aufzuschlagen. Denn gerade die Luftigkeit macht dieses Frosting unwiderstehlich.

FÜR CA. 500 G
350–400 g *Puderzucker (oder etwas mehr)*
125 g *weiche Butter*
einige EL Milch oder Sahne

1 Den Puderzucker sieben. In einer großen Rührschüssel die Butter und die Hälfte des Puderzuckers mit der Küchenmaschine oder dem Handmixer auf höchster Stufe cremig rühren.

2 Nach und nach den restlichen Puderzucker und 1–2 EL Milch oder Sahne hinzufügen, bis eine schöne, streichfähige Konsistenz entsteht. Dafür die Masse auf höchster Stufe einige Minuten fluffig aufschlagen.

VARIANTE *Für ein Frischkäse-Frosting mit Zitrone 150 g weiche Butter mit 175 g kaltem Frischkäse cremig aufschlagen, dann ½ EL fein abgeriebene Bio-Zitronenschale und 1 TL Zitronensaft unterrühren. Nach und nach 500 g gesiebten Puderzucker dazugeben und alles ebenfalls auf höchster Stufe hell und fluffig aufschlagen. Das Frosting dickt an, sobald es gekühlt wird.*

Schokoladen-Frosting

Zubereitung: 15 Min.

FÜR CA. 600 G

200 g Puderzucker
200 g weiche Butter
200 g Zartbitterschokolade, geschmolzen und abgekühlt

1 Den Puderzucker sieben. In einer großen Rührschüssel Butter und Puderzucker mit der Küchenmaschine oder dem Handmixer auf höchster Stufe 5 Minuten cremig rühren. Dann mit einem Teigschaber oder Holzlöffel die geschmolzene Schokolade unterheben.

Create your own

- *Ein paar Tropfen* ***Pfefferminzöl*** *zur Butter geben.*
- *1 TL* ***Instant-Espressopulver,*** *aufgelöst in 1 EL heißem Wasser, zur Butter hinzufügen.*
- *1 EL* ***Orangen- oder Kaffeelikör*** *unter die Butter rühren.*

Frischkäse-Ganache

MIT WEISSER SCHOKOLADE

Zubereitung: 10 Min.

FÜR CA. 725 G

250 weiße Schokolade, gehackt
350 g kalter Frischkäse (ich verwende am liebsten Philadelphia)
125 g weiche Butter
1 EL Zitronensaft

1 Die Schokolade über dem Wasserbad mit leicht simmernden Wasser schmelzen. Den kalten Frischkäse in einer Rührschüssel mit Küchenmaschine oder Handmixer cremig aufschlagen. Die warme Schokolade in drei Portionen hinzufügen und jeweils gut untermengen.

2 Unter ständigem Rühren nach und nach die weiche Butter untermischen, gefolgt vom Zitronensaft. Achten Sie beim Rühren darauf, dass am Rand der Schüssel nichts hängen bleibt – ggf. mit einem Teigschaber abnehmen und einarbeiten. Sobald alles cremig aufgeschlagen ist, ist die Frischkäse-Ganache fertig.

Zubereitung: 7 Min.

7-Minuten-Frosting

REICHT FÜR 1 TORTE MIT 2 BÖDEN MIT 23 CM Ø ODER FÜR 1 CHIFFON-CAKE MIT 25 CM Ø

2 Eiweiß (ca. 100 g)
250 g Zucker
1 EL Ahornsirup
85 ml Wasser
1 TL Vanilleextrakt (s. S. 12)
1 Prise Salz

1 Eiweiße in einer sauberen Schüssel (s. S. 66 Essig-Salz-Methode) mit den restlichen Zutaten über einem heißen Wasserbad mit dem Handmixer bei hoher Geschwindigkeit genau 7 Minuten aufschlagen. Die Schüssel vom Wasserbad nehmen und weitere 2–3 Minuten aufschlagen, um die Masse abzukühlen. Sie können die Masse direkt verwenden.

Create your own

- *Verwenden Sie* ***braunen Zucker*** *statt des weißen.*
- *Nehmen Sie 3 EL* ***Zitronensaft*** *und 2 EL Wasser statt der angegebenen Wassermenge.*
- *Für eine frische Variante etwas fein abgeriebene* ***Bio-Zitronenschale*** *zum Schluss zum Frosting geben.*
- *Für ein* ***Orangen-Frosting*** *4 EL Orangensaft und 1 EL Zitronensaft statt des Wassers verwenden. Mit etwas fein abgeriebener Bio-Orangenschale abrunden.*

TIPP

Wenn Sie das Frosting für Cupcakes verwenden – ich liebe es auf den Angel-Food-Cupcakes – dann haben Sie ein wenig übrig. Machen Sie daraus Baisers. Dazu gleich große Portionen auf ein mit Backpapier ausgelegtes Backblech geben und 1 – 1 Stunde 30 Minuten bei 100 °C backen, bis die Baisers richtig ausgetrocknet sind.

Ganache

Zubereitung: 20 Min.
Kühlen: 2 Std.

FÜR CA. 600 G
300 g Zartbitterschokolade
300 g Sahne

1 Die Schokolade fein hacken und in eine große Schüssel geben. In einem Topf die Sahne zum Kochen bringen. So reduziert sich der Wassergehalt der Sahne und sie emulgiert besser mit der Schokolade.

2 Die heiße Sahne über die Schokolade gießen, die Schüssel abdecken – nicht rühren – und 5 Minuten zugedeckt stehen lassen. Die Wartezeit bewirkt, dass sich die Sahne etwas abkühlt, beide Zutaten eine ähnliche Temperatur annehmen und sich so besser miteinander verbinden.

3 Dann die Masse mit einem Schneebesen verrühren, bis alles schön geschmeidig ist. Die Ganache auf Zimmertemperatur abkühlen lassen. Im Kühlschrank durchkühlen – das dauert 1–2 Stunden für eine streichfähige Konsistenz. Das Rezept reicht als Füllung und Frosting für 2 Biskuitböden oder 1 Sponge-Cake (je 23 cm Ø, s. S. 66–70).

Saure-Sahne-Ganache

Zubereitung: 10 Min.

FÜR CA. 750 G
350 g Zartbitterschokolade, gehackt
400 g kalte saure Sahne

1 Die Schokolade über dem Wasserbad mit leicht simmernden Wasser schmelzen. In einer großen Schüssel die saure Sahne glatt rühren. Mit einem Teigschaber die geschmolzene Schokolade unterrühren. Sofort verwenden.

TIPP

Auch für Pralinen können Sie die Ganache verwenden: auf Zimmertemperatur abkühlen lassen, dann im Kühlschrank richtig durchkühlen. Aus der festen Masse mit einem kleinen Kugelausstecher runde Pralinés formen, in Kakao oder gehackten Nüssen wälzen und gut durchgekühlt servieren.

Zubereitung: 25 Min.

Swiss Meringue Buttercreme

REICHT FÜR 1 TORTE MIT 2 BÖDEN MIT 23 CM Ø

5 Eiweiß (ca. 250 g)
200 g Zucker
350–375 g weiche Butter

1 In einer sauberen Schüssel (s. S. 66 Essig-Salz-Methode) Eiweiße mit Zucker auf ein Wasserbad mit simmerndem Wasser stellen. Mit einem Schneebesen von Hand schaumig verrühren. Während die Masse sich langsam erwärmt, immer wieder verrühren. Nach etwa 5 Minuten hat die Masse eine Temperatur von 72 °C erreicht. Diese Temperatur ist wichtig, um ggf. Salmonellen abzutöten.

2 Dann die Schüssel vom Wasserbad nehmen und die Masse mit der Küchenmaschine oder dem Handmixer weiter aufschlagen. (Vorsicht, die Schüssel ist noch heiß – nehmen Sie dazu ein Küchentuch.) Alles auf höchster Stufe schlagen, nach einigen Minuten wird die Masse weiß und fest. Nach 6–8 Minuten bildet die Meringue-Masse steife Spitzen.

3 Die Geschwindigkeit verlangsamen und die Butter nach und nach esslöffelweise hinzufügen.

Create your own

Sobald die Butter vollständig eingearbeitet ist, können Sie noch weitere Aromen oder Lebensmittelfarbe – je nach Wunsch – hinzufügen.

- ***2 TL Vanilleextrakt** (s. S. 12)*
- *bis zu 150 ml Püree aus frischen **Himbeeren oder Erdbeeren***
- ***150 ml Lemon Curd** (s. S. 232)*
- *200 g geschmolzene **Zartbitterschokolade***
- *1 EL **Instant-Espressopulver**, aufgelöst in 1 TL heißem Wasser*
- *einige Tropfen Mandelextrakt*

Zubereitung: 20 Min.

Seidige Buttercreme

Eine richtige Buttercreme ist so einfach wie das Abc. Es gibt nur ein paar Regeln, die es zu beachten gilt:

- *Sie benötigen ein Thermometer.*
- *Der Zuckersirup muss auf 115 °C aufgekocht werden.*
- *Die Butter braucht Zimmertemperatur und sollte weich sein – aber nicht zu weich!*
- *Sie müssen abwarten, bis die Masse vollständig abgekühlt ist, bevor die Butter hinzukommt.*

REICHT FÜR 1 TORTE MIT 2 BÖDEN MIT 23 CM Ø

5 Eigelb oder 2 Eier
100 ml Wasser
150 g Zucker
375 g weiche Butter

1 Eigelbe in einer Rührschüssel mit Küchenmaschine oder Handmixer etwa 5 Minuten aufschlagen, bis die Masse dick und hell ist.

2 Halten Sie nun das Thermometer bereit. In einem Topf 100 ml Wasser mit dem Zucker aufkochen, bis die Masse 115 °C erreicht hat. In einen Messbecher oder Krug umfüllen, damit der Kochvorgang unterbrochen wird.

3 Den Zuckersirup nach und nach in kleinen Mengen unter die Eiermasse rühren, dabei nach jeder Zugabe gut durchrühren.

4 Wenn der Sirup vollständig untergerührt ist, alles noch etwa 8 Minuten (oder etwas länger) weiterschlagen, damit die Masse abkühlt. Sobald die Masse Zimmertemperatur erreicht hat, nach und nach die weiche Butter in kleinen Mengen unterschlagen.

Create your own

- ***Schokoladenbuttercreme:*** *100 g Zartbitter-, Milch- oder weiße Schokolade schmelzen, abkühlen lassen und am Ende unterschlagen.*
- ***Mokkabuttercreme:*** *1 EL Instant-Espressopulver mit 1 TL gekochtem Wasser verrühren, abkühlen lassen und am Ende unterschlagen.*
- ***Zitronenbuttercreme:*** *80 ml Lemon Curd (s. S. 232) unter die fertige Buttercreme schlagen.*
- ***Karamellbuttercreme:*** *Bis zu 80 ml Butterscotch (s. S. 219) unter die fertige Buttercreme schlagen.*

Lemon Curd

Zubereitung: 15 Min.

FÜR CA. 300 ML
3 Eier, Zimmertemperatur
100 g Zucker
1 EL fein abgeriebene Schale von 1 Bio-Zitrone
125 ml frisch gepresster Zitronensaft
90 g weiche Butter
1 Prise Salz

1 In einem Topf die Eier mit Zucker, Zitronenschale und -saft langsam bei mittlerer Hitze unter ständigem Rühren mit einem Schneebesen erhitzen. Butter unter Rühren hinzugeben, gefolgt von Salz.

2 Alles langsam unter Rühren erwärmen, bis die Masse eindickt wie ein Pudding – das dauert 5–6 Minuten. Dabei aufpassen, dass die Masse nicht kocht! Vom Herd nehmen, in eine Schüssel oder ein Schraubglas umfüllen und abkühlen lassen.

TIPP: *Sobald die Masse kalt ist, können Sie das Lemon Curd verschlossen im Kühlschrank einige Wochen lagern.*

Schokoladen-aufstrich

Zubereitung: 15 Min.
Rösten: 15 Min.

FÜR CA. 440 G
200 g Haselnusskerne
100 g Puderzucker
35 g ungesüßtes Kakaopulver
¼ TL Salz
100 g Zartbitterschokolade, geschmolzen

1 Den Backofen auf 175 °C (Umluft) vorheizen. Die Nüsse auf ein nicht gefettetes Backblech geben und im Ofen 15 Minuten rösten. Herausnehmen und abkühlen lassen. Die abgekühlten Nüsse auf einem sauberen Handtuch gegeneinanderreiben, um die Haut zu entfernen.

2 Die Nüsse im Blitzhacker ohne Pause mindestens 5 Minuten fein hacken. Anschließend die Nüsse vom Rand der Schüssel kratzen. Die Maschine dann weiterlaufen lassen und den Puderzucker hinzufügen.

3 Kakao und Salz dazugeben und noch 1 Minute weiterrühren. Zuletzt die geschmolzene Schokolade hinzufügen und etwa 1 Minute gut unterschlagen. Das war's! Füllen Sie die Nusscreme in ein sauberes Glas, und genießen Sie diese Köstlichkeit als Füllung für die Hörnchen (s. S. 152) oder als Brotaufstrich.

Kirsch-Topping

Zubereitung: 5 Min.

FÜR CA. 450 G
300–350 g Kirschen, entsteint (frisch oder TK, aufgetaut und abgetropft – heben Sie 4 EL Saft auf)
100 g Zucker
1½ EL Speisestärke
1 Prise Salz

1 Alle Zutaten in einem Topf vermengen und unter ständigem Rühren langsam aufkochen. Etwa 1 Minute kochen lassen, sodass die Sauce eindickt. Vor der weiteren Verwendung etwas abkühlen lassen.

TIPP

Für einen Cheesecake das Topping auf dem abgekühlten Kuchen verteilen und gut abkühlen lassen. Maximal 4 Stunden vor dem Verzehr mit dem Früchte-Topping garnieren.

Blaubeer-Topping

Zubereitung: 5 Min.

FÜR CA. 400 G
300–350 g TK-Blaubeeren, (aufgetaut und abgetropft – heben Sie etwa 4 EL Saft auf)
1 EL (8 g) Speisestärke
50 g Zucker
etwas fein abgeriebene Bio-Zitronenschale, nach Belieben

1 Alle Zutaten bis auf die Zitronenschale in einem Topf vermengen und unter ständigem Rühren langsam aufkochen. Etwa 1 Minute kochen lassen, sodass die Sauce eindickt. Zum Schluss nach Belieben Zitronenschale unterrühren. Vor der weiteren Verwendung etwas abkühlen lassen.

Himbeersauce

Zubereitung: 15 Min.

FÜR CA. 550 ML
500 g Himbeeren (frisch oder TK)
50 g Zucker
1 TL Zitronensaft

1 Die Beeren waschen bzw. tiefgekühlte Beeren bereitstellen. In einem Topf die Beeren mit Zucker und Zitronensaft aufkochen, bis alles weich ist und die Beeren leicht zerfallen – das kann ein bisschen dauern. Durch ein feines Sieb streichen, um die Kerne zu entfernen.

Erdbeersauce

Zubereitung: 35 Min.

FÜR CA. 575 ML
500 g Erdbeeren (frisch oder TK)
75 g Zucker
1 EL Vanilleextrakt (s. S. 12)

1 Die Beeren waschen bzw. tiefgekühlte Beeren bereitstellen. In einem Topf die Beeren mit Zucker und Vanilleextrakt aufkochen, bis sie weich sind und die Masse langsam eindickt. Das dauert etwa 25 Minuten. Dann pürieren und abkühlen lassen.

VERWENDUNG

- als Sauce für den Ricotta-Cheesecake – zu jedem Stück servieren
- in der Cheesecake-Füllung für einen Erdbeer-Cheesecake
- als Füllung zwischen 2 Biskuitböden
- als Zugabe zur Swiss Meringue Buttercreme oder zur Seidigen Buttercreme (s. S. 229)

TIPP

Diese vier Rezepte eignen sich für alle möglichen Kuchen: Als Topping für Cheesecakes oder als Sauce für Ricotta-Strudel. Kirsch- und Blaubeer-Topping machen sich außerdem gut als fruchtige Füllung für Pocket-Pies und Windbeutel.

Anleitung zur eigenen Kreation

FINDEN SIE DIE RICHTIGE BALANCE …

Willkommen im Create-your-own-Kapitel. Im Laufe der Jahre habe ich Hunderte von Rezepten entwickelt. Und jetzt sind Sie dran, um Ihre eigene Signatur zu entwickeln und nach dem Baustein-Prinzip zu erstellen.

Hier noch ein paar Dinge, die es zu beachten gilt: Die endgültige Zusammensetzung eines Rezepts ist eine Kombination (oder Balance) von Geschmack, Textur, Form und Farbe. Manchmal stellen Elemente einen Kontrast dar, wie z. B. die Tiefe der Zartbitterschokolade kombiniert mit der Säure von Himbeerpüree für eine Ganache mit einer Geschmacksexplosion. Manchmal geht es um die harmonische Zusammenstellung von Elementen, wie ein klassischer Genoise gepaart mit der seidigen Buttercreme.

Ob Sie nun nach Kontrast oder Harmonie streben, die Prinzipien von Balance und Zurückhaltung sind zwei wichtige Schlüssel für die Erschaffung eines »signature dish«. Experimentieren Sie, genießen Sie den Entstehungsprozess und treffen Sie klare Entscheidungen, damit jedes Element in der Kombination für sich sprechen kann.

SCHNELL GERÜHRT · SCHNELL GERÜHRT ·

Leichter Eischwerkuchen

FÜR 1 KASTENFORM (11 X 29 CM)

Der leichte Eischwerkuchen eignet sich wunderbar, um ihm eine ganz eigene Note zu verleihen. Folgen Sie der Rezeptanleitung auf S. 24 und wandeln Sie das Grundrezept mit den folgenden Zutaten um:

1. Nehmen Sie die Basiszutaten als Grundlage.
2. Wählen Sie 200 g eines Milchprodukts aus.
3. Suchen Sie insgesamt 100 g getrocknete Früchte oder Nüsse aus.
4. Verfeinern Sie das Ganze nach Lust und Laune mit weiteren Zutaten.

Create your own

Basiszutaten	200 g Milchprodukt	100 g getrocknete Früchte oder gehackte Nüsse oder eine Kombination	Weitere Zutaten
175 g Mehl 50 g Speisestärke 1 TL Natron ½ TL Salz 200 g weiche Butter 200 g Zucker 2 TL Vanilleextrakt (s. S. 12) 4 Eier, Zimmertemperatur Butter und Mehl für die Form	saure Sahne **oder** griechischer Joghurt – etwas weicher im Geschmack **oder** Naturjoghurt – keinen aromatisierten Joghurt verwenden!	Rosinen oder Cranberrys **oder** Aprikosen oder Pfirsiche **oder** Kirschen **oder** Ananas **oder** Birnen **oder** Pekan- oder Walnüsse	3 EL Mohn **oder** fein abgeriebene Zitronen-, Orangen- oder Limettenschale **oder** 1 Prise Muskatnuss

Streuselkuchen

FÜR 1 RUNDE BACKFORM (25 CM Ø) ODER 1 QUADRATISCHE BACKFORM (23 X 23 CM)

Streuselkuchen nach Geschmack – Teig und Streuseln können Sie Ihre ganz persönliche Unterschrift geben. Folgen Sie der Anleitung auf S. 44 und probieren Sie neue Kombinationen aus. Ergänzen Sie einfach das Grundrezept mit den Zutaten Ihrer Wahl – wie schon links beschrieben – und lassen Sie sich dabei von meinen Vorschlägen inspirieren.

Create your own

Für den Teig	275 g Mehl	150 g Süße	200 ml/g Milchprodukt	Weitere Zutaten
1 TL Backpulver 1 TL Natron ½ TL Salz 190 g weiche Butter 2 Eier 1 TL Vanilleextrakt (s. S. 12) Butter für die Form	Weizenmehl, Type 405 **oder** Weizenmehl, Type 405 + Weizenvollkornmehl **oder** Weizenmehl, Type 405 + Dinkelvollkornmehl	Raffinadezucker (Haushaltszucker) **oder** Zucker + brauner Zucker	Buttermilch **oder** Joghurt **oder** saure Sahne **oder** Milch + 1 TL Essig oder Zitronensaft	fein abgeriebene Schale von 1 Bio-Orange oder -Zitrone

Für die Streusel	90 g Mehl	90 g Süße	100–150 g Früchte	50 g weitere Zutaten
60 g kalte Butter 1½ TL gemahlener Zimt 1 Prise Salz	Weizenmehl, Type 405 **oder** Weizenmehl, Type 405 + Weizenvollkornmehl **oder** Weizenmehl, Type 405 + Dinkelvollkornmehl	Raffinadezucker (Haushaltszucker) **oder** Zucker + brauner Zucker	Himbeeren **oder** Blaubeeren **oder** Äpfel **oder** Pfirsiche oder Nektarinen	kernige Haferflocken **oder** fein gehackte Walnuss- oder Pekannusskerne **oder** fein gehackte Mandeln

Vanilla Cupcakes

FÜR 12 STÜCK

Bei Cupcakes können Sie den Teig verfeinern und mit der Wahl des Frostings und der Deko Ihre ganz eigenen Kreationen schaffen. Folgen Sie diesen Anregungen und dem Rezept für Basic Vanilla Cupcakes auf S. 46.

bunte Zuckerstreusel

Schokoladenraspel

Beeren

100 G GESCHMOLZENE WEISSE SCHOKOLADE unter den fertigen Teig rühren. Schmelzen Sie dafür die Schokolade über einem Wasserbad. Achtung: Weiße Schokolade brennt leicht an.

100 G GESCHMOLZENE WEISSE SCHOKOLADE ODER ABGERIEBENE SCHALE VON 1 BIO-ZITRONE ODER -ORANGE zur Milchmischung geben. Gibt dem Teig einen wunderbar frischen Zitrusgeschmack. Besonders lecker mit einem leichten, hellen Frosting (s. S. 244).

50 G LEICHT GERÖSTETE UND FEIN GEMAHLENE MANDELN ODER KOKOSRASPEL zur Mehlmischung geben.

EINIGE ESSLÖFFEL BUNTE ZUCKERSTREUSEL zum fertigen Teig geben. Das ergibt eine fröhliche Basis!

50 G ROSINEN dem Teig hinzufügen – so würde es meine Großmutter machen. Das ist köstlich! Die Rosinen sinken dabei auf den Boden der Cupcakes, werden weich und schmecken einfach toll! Frosting oder Buttercreme sind dann nicht mehr nötig.

ETWAS LEBENSMITTELFARBE unter den fertigen Teig rühren – dann wird es noch bunter. Die Vanilla Cupcakes sind eine perfekte Grundlage für ein schönes Farbergebnis!

Best Brownies

FÜR 1 QUADRATISCHE BACKFORM (23 X 23 CM)

Auch Brownies sind wandlungsfähig. Folgen Sie dem Rezept auf S. 56, wählen Sie Ihre Lieblingsschokolade, tauschen Sie die Mehlsorte und entscheiden Sie auch, ob Nüsse in Ihre Brownie-Vorstellung passen. Die wunderbare Qual der Wahl haben Sie! Hier sind meine Vorschläge:

GLUTENFREI: KASTANIENMEHL, NUSSMEHL (z.B. sehr fein gemahlene Mandeln oder Haselnusskerne) **ODER SPEISESTÄRKE** – einfach anstelle von Weizenmehl in gleicher Menge verwenden.

100 G GROB GEHACKTE WEISSE, VOLLMILCH- ODER ZARTBITTER-SCHOKOLADE unter den fertigen Teig rühren.

1 TL INSTANT-KAFFEE- ODER ESPRESSO-PULVER zur geschmolzenen Schokoladen-Mischung geben – für einen intensiven Kaffeegeschmack.

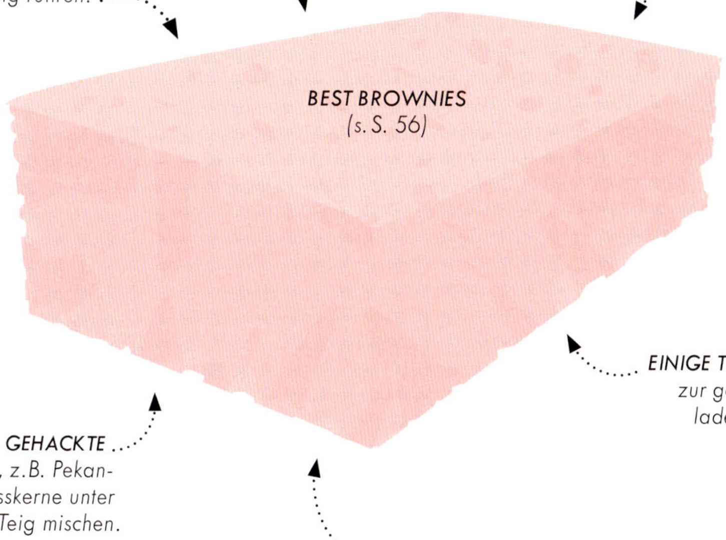

EINIGE TROPFEN PFEFFERMINZÖL zur geschmolzenen Schokoladen-Mischung geben.

50 G GROB GEHACKTE NUSSKERNE, z.B. Pekan- oder Walnusskerne unter den fertigen Teig mischen.

1 PRISE GEMAHLENEN ZIMT unter das Mehl mischen.

Biskuitkuchen

MIT CREMES & FROSTINGS

Ihr selbst gebackener Biskuitkuchen ist fertig. Jetzt möchten Sie ihn noch füllen oder überziehen. Aber was passt wozu? In der Tabelle habe ich meine Lieblingskombinationen zusammengefasst. Darin finden Sie auch Ideen für Cupcakes.

KOMBINATION		Genoise (s. S. 69)	Schokoladen-Genoise (s. S. 74)	Biskuit vom Naked Cake (s. S. 80)	Biskuitroulade (s. S. 82)	Schokobiskuitroulade (s. S. 84)	Chiffon-Cake (s. S. 70)	Schoko-Chiffon-Torte (s. S. 78)	Angel Food Cupcakes (s. S. 90)	Vanilla Cupcakes (s. S. 46)	Chocolate Cupcakes (s. S. 47)
FÜLLUNG	Lemon Curd (s. S. 232)	x		x	x					x	
	Pekan-Karamell-Füllung (s. S. 153)	x	x	x	x	x				x	x
	Konditorcreme (s. S. 216)	x	x		x	x					
	Schoko-Nuss-Füllung (s. S. 153)		x	x	x	x					
	Blaubeer-Topping (s. S. 234)	x			x						x
	Kirsch-Topping (s. S. 234)	x	x	x	x	x				x	x
ÜBERZUG	Einfaches Frosting (s. S. 222)		x	x	x	x				x	
	Schokoladen-Frosting (s. S. 223)		x	x	x	x				x	x
	7-Minuten-Frosting (s. S. 224)	x	x	x	x	x	x	x	x	x	
	Seidige Buttercreme (s. S. 229)	x	x	x	x	x				x	
	Ganache (s. S. 226)	x	x	x	x	x				x	x
	Frischkäse-Ganache (s. S. 223)	x	x	x	x	x				x	x
	Frischkäse-Frosting (s. S. 222)			x						x	
ZUM BETRÄUFELN	Schokoladensauce (s. S. 218)	x	x	x	x	x	x	x	x	x	
	Karamellsauce (s. S. 219)	x	x	x	x	x	x	x	x	x	x
	Erdbeersauce (s. S. 235)	x		x	x		x	x	x		
	Himbeersauce (s. S. 235)	x	x	x	x	x	x	x	x	x	

Chiffon-Cake

FÜR 1 ANGEL-FOOD-BACKFORM (10 CM HÖHE, 25 CM Ø)

Aus dem Grundrezept für einen Chiffon-Cake (s. S. 70) lassen sich wunderbare Varianten kreieren. Nachfolgend finden Sie meine liebsten. Ob und mit welcher Creme Sie den Kuchen noch veredeln möchten, bleibt Ihnen überlassen. Was Sie dabei jedoch beachten sollten, lesen Sie auf S. 66–68.

BURNT-SUGAR-CHIFFON-CAKE

Ersetzen Sie den Orangensaft im Rezept durch karamellisierten Zucker.
Dafür in einem Topf 50 g Zucker so lange erwärmen, bis er eine leicht braune Farbe annimmt. Aufpassen, dass der Zucker nicht verbrennt. Vom Herd nehmen und vorsichtig 100 ml Wasser hinzufügen. Der Sirup wird eventuell etwas spritzen – also lieber einen Schritt zurückgehen. Leicht erwärmen, bis sich der Zucker aufgelöst hat. Den Karamell statt des Orangensafts verwenden.

EARL-GREY-CHIFFON-CAKE

Ersetzen Sie den Orangensaft im Rezept durch einen stark gekochten Earl-Grey-Tee.

BANANEN-CHIFFON-CAKE

Ersetzen Sie dazu folgende Zutaten:
- *Orangensaft = 150 ml pürierte Bananen*
- *Orangenschale = Zitronenschale (passt besser zu den Bananen)*

Tipp: Ein bisschen frisch geriebene Muskatnuss unterstreicht den Geschmack wunderbar!

KOKOS-CHIFFON-CAKE

Ersetzen Sie folgende Zutaten im Rezept:
- *Mehl = 150 g Mehl + 75 g feine Kokosraspel*
- *Orangensaft = 150 ml Wasser*
- *Orangenschale = Zitronenschale (passt super zur Kokosnuss)*

LUFTIG LEICHT · LUFTIG LEICHT · LUFTIG LEICHT ·

Madeleines

FÜR 32 STÜCK (2 MADELEINE-FORMEN)

Madeleines sind köstlich und laden geradezu dazu ein, mit unterschiedlichen Zugaben verfeinert zu werden – einige davon sehen Sie auch auf dem Foto auf S. 89. Wandeln Sie das Grundrezept einfach folgendermaßen ab:

LAVENDEL-MADELEINES
Zusätzlich 1–2 TL fein gehackte Lavendelblüten zum Schluss unter den Teig rühren.

ORANGEN-MADELEINES
1–2 TL fein abgeriebene Bio-Orangenschale anstatt der Zitronenschale verwenden.

MADELEINES MIT TROCKENFRÜCHTEN
50 g fein gehackte und getrocknete Aprikosen, Kirschen oder Cranberrys zum Schluss unter den Teig rühren.

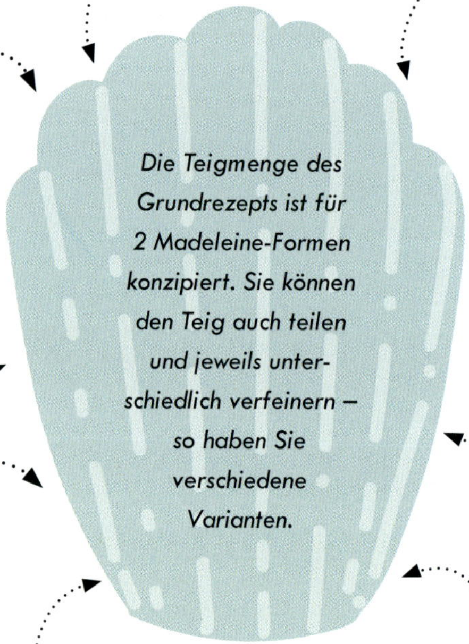

EARL-GREY-MADELEINES
1 EL Teeblätter zur zerlassenen Butter geben, 10 Minuten ziehen lassen und durch ein feines Sieb abgießen.

CONFETTI-MADELEINES
1 EL Zuckerstreusel zum Schluss unter den Teig rühren. Alternativ nur einzelne Madeleines in der Form vor dem Backen damit bestreuen.

PISTAZIEN-MADELEINES
3 EL gehackte Pistazienkerne zum Schluss unter den Teig rühren.

SCHOKO-MADELEINES
Einige EL Schokoladensauce (s. S. 218) zum Schluss nur ganz kurz unter den Teig rühren, sodass dieser marmoriert ist.

KRÄUTER-MADELEINES
Frische Kräuter wie Zitronenthymian oder Pfefferminze zum Schluss unter den Teig rühren.

Pie

FÜLLUNGEN & DECKEL

Apple Pie ist der Klassiker unter den Pies. Aber die Möglichkeiten für Pie-Füllungen je nach Saison sind grenzenlos! Lassen Sie Ihrer Fantasie also freien Lauf. Hier einige meiner Tipps und Tricks, damit Ihre Pie-Kreation ein Meisterwerk wird.

Pie-Füllungen

OBST RICHTIG KOMBINIEREN

Insgesamt benötigt man etwa 1,5 kg Obst

- Äpfel oder Birnen mit Brombeeren oder Heidelbeeren
- Äpfel oder Birnen mit Himbeeren
- Pfirsiche mit Himbeeren
- Birnen mit Rhabarber und Ingwer

Bei der Kombination mit Äpfeln/Birnen sollte mindestens die Hälfte aus Äpfeln/Birnen bestehen. Achten Sie darauf, dass die Früchte geschält und in gleich große Stücke geschnitten sind. Zuerst fügen Sie den Zitronensaft und dann das Mehl zu den Früchten hinzu, gefolgt vom Zucker und nach Belieben Zimt. Bei Beeren verwenden Sie bis zu 70 g Mehl und 175 g Zucker (je nach Süße). Beeren neigen dazu, viel Flüssigkeit abzugeben – deshalb kombiniere ich sie immer mit Äpfel oder Birnen.

Pie-Deckel

ZEIT FÜR KÜNSTLER

Wie man ein Gitter flechtet, haben Sie schon auf S. 106–107 gelesen. Aber es gibt auch noch andere Möglichkeiten:

- Für einen Deckel die zweite Teighälfte zu einem passenden Kreis ausrollen und über die Füllung legen. Die Ränder entlang der Backform abschneiden, dabei etwa 1 cm Überhang stehen lassen und die Ränder mit den Fingerspitzen verbinden. Zuletzt kleine Dampfschlitze in den Teig schneiden – am besten in einem schönen Muster.
- Den ausgerollten Teig mit Formen ausstechen – zum Beispiel als Herzen, Kreise, Quadrate oder Ähnliches. Legen Sie die ausgestochenen Formen dekorativ über die Füllung und formen Sie so ein schönes Muster.

Süßes Brot

FÜR 1 SÜSSES BROT

Bereiten Sie den Teig nach dem Grundrezept auf Seite 134 zu – und dann füllen und formen Sie nach Lust und Laune. Ein besonderes Aroma bekommt Ihr Brot, wenn Sie noch die abgeriebene Schale von 1 Bio-Zitrone oder Bio-Orange zu den flüssigen Zutaten hinzugeben.

ERSETZEN	Das Weizenmehl gegen Dinkelmehl austauschen.	Bis zu 200 g Weizenmehl gegen Vollkornmehl nach Wahl austauschen.	Ersetzen Sie 50 g Zucker durch 50 g Muscovado- oder braunen Zucker.	Verwenden Sie warme Buttermilch anstelle von Milch.
ZUGEBEN	Den ausgerollten Teig mit Butterscotch bestreichen, evtl. mit dünn geschnittenen Äpfeln belegen und aufrollen.	Schokoladenaufstrich (s. S. 232) auf den ausgerollten Teig streichen und aufrollen.	50 g Zucker mit 2 TL gemahlenem Zimt mischen und auf den ausgerollten Teig streuen. 75 g Rosinen darauf verteilen.	3 EL Zucker mit 2 TL gemahlenem Zimt mischen. Den ausgerollten Teig mit geschmolzener Butter bestreichen, mit dem Zimtzucker bestreuen und mit Apfelscheiben und nach Belieben Trockenfrüchten belegen.
FORM-VARIANTEN	Standard-Kastenform, 11 x 29 cm	Mehrere Mini-Kastenformen, 1 Muffinblech oder 12 klassische Briocheförmchen	Gugelhupfform mit 23 cm Ø. Dafür die Teigrolle verdrehen und in die Form legen.	Für Rolls runde (23–25 cm Ø), quadratische oder rechteckige Backform verwenden. Die Teigrolle in 12 Stücke schneiden und nebeneinander hineinsetzen.
BACKEN	30 Minuten in der Form gehen lassen, bevor Sie das Gebäck in den Ofen schieben.	Für einen schönen Glanz bestreichen Sie das Brot mit etwas Milch.	In Kastenform, Gugelhupfform, runder oder rechteckiger Backform 40–50 Minuten backen.	Für Rolls beträgt die Backzeit 25 Minuten.

Herzhaftes Brot

FÜR 1 GROSSES ODER 2 KLEINE BROTE

Ein Kartoffelbrot ist die perfekte Grundlage für zahlreiche Abwandlungsmöglichkeiten. Basis bildet immer das Grundrezept auf Seite 136 – und das können Sie alles damit anstellen:

1. Zutaten im Teig ersetzen.
2. Den flach gedrückten Teig mit würzenden Zutaten bestreuen oder bestreichen.
3. Den Teig in ganz verschiedene Formen bringen und backen.

ERSETZEN	Ersetzen Sie das Weizenmehl durch bis zu 200 g Roggenmehl. Das Brot hat ein köstliches Aroma, wird aber aufgrund des geringeren Glutengehaltes im Roggenmehl etwas flacher sein.	Ersetzen Sie das Weizenmehl durch bis zu 200 g Vollkornweizenmehl. Das Brot hat ein schönes nussiges Aroma, wird aber aufgrund der Schwere des Vollkornmehls etwas flacher und kompakter in der Struktur sein.	Ersetzen Sie das Wasser durch 125 ml zimmerwarmes Bier.	Ersetzen Sie das Wasser durch Buttermilch.
ZUGEBEN	Geben Sie pro Laib 1 TL zerstoßene Fenchelsamen und 1 EL gehackten Rosmarin vor dem Aufrollen zum Teig.	2–3 EL Pesto auf dem flach gedrückten Teig verstreichen und aufrollen.	Mischen Sie 1 Handvoll geriebenen Käse mit Nüssen und Kräutern und streuen Sie den Mix vor dem Aufrollen auf den Teig.	Verstreichen Sie 2–3 EL Knoblauch- oder Kräuterbutter vor dem Aufrollen auf dem Teig.
FORM-VARIANTEN	Aufgerollten Teig leicht verdrehen und frei geformt auf einem Backblech backen.	Aufgerollten Teig leicht verdrehen, zu einem Kranz formen und die Enden miteinander verbinden.	Aus dem aufgerollten Teig kleine Brötchen oder Dinner Rolls (s. S. 171) formen.	Den aufgerolten Teig zu Twisties (s. S. 168) formen oder zu Knoten (s. S. 204) schlingen.

Backformen

Verwendete Größen und Umrechnungsformeln

Die Art und Größe der Backform ist ein zentraler Bestandteil eines Rezepts. Natürlich können Sie eine Backform ersetzen und eine andere als die angegebene verwenden. Doch dafür benötigen Sie einen Taschenrechner, um auf die Unsicherheit zu verzichten, ob ein Kuchen wirklich etwas wird. Erfolg durch Ersetzen ist eine mathematische Gleichung, nicht Glück.

Ich lege Ihnen folgende Backformen ans Herz, die sich auch in diesem Buch wiederfinden:

- Kastenform, 11 x 29 cm
- Gugelhupfform oder runde Backform mit Kegelloch in der Mitte, 23 cm Ø
- Standard Muffin- bzw. Cupcake-Blech mit 12 Mulden
- quadratische Backform, 23 x 23 cm
- runde Backform, 15 und 23 cm Ø
- Tarteform, 23 cm Ø

Wählen Sie immer ein Rezept nach den Zutaten, aber auch nach der vorhandenen Backform aus, die Sie zu Hause haben. Wenn Sie einmal nicht die passende Backform zur Hand haben, können Sie mit der folgenden Formel das Rezept auf eine andere Backformgröße berechnen.

Zunächst müssen die Flächen berechnet werden:
• Für die Berechnung der Fläche einer quadratischen oder rechteckigen Form multiplizieren Sie einfach die Seiten. Für eine 32 x 24 cm Backform ist die Rechnung 32 x 24 = 768 qcm.
• Die Fläche einer runden Backform ist der Radius quadriert mal π (3,14). Der Radius ist die Hälfte des Durchmessers, bei einer Backform mit 25 cm Durchmesser beträgt der Radius also 12,5 cm. Die Rechnung lautet dann 12,5 cm x 12,5 cm = 156.25 qcm x π (3,14) = 490,62 qcm

Das heißt, wenn Sie einen rechteckigen Kuchen in einer kleineren, runden Backform backen wollen, dann berechnen Sie die Größe so: 768 / 490 = 1,56. Um es zu vereinfachen, runden wir die Zahl auf 1,5 ab. Nun müssen Sie nur noch jede einzelne Zutat durch 1,5 teilen, um die richtige Menge für die kleinere, runde Backform zu erhalten.
Sie können auch anders herum die Rechnung aufstellen: Wenn Sie eine größere Backform verwenden wollen, dann multiplizieren Sie die Mengen mit 1,5.
Um das Volumen einer Kuchenform zu ermitteln, messen Sie einfach die Menge an Wasser aus, die die Backform fasst.

Umrechnungstabelle für Backformen

Backformgröße	Inhalt in ml	15 cm (Ø)	23 cm (Ø)	25 cm (Ø)	11 x 29 cm	24 x 32 cm	23 x 23 cm
15 cm (Ø)	175	-	× 2,25	× 3	× 2	× 4,5	× 3
23 cm (Ø)	400	/2,25	-	× 1,25	/1,25	× 2	× 1,25
25 cm (Ø)	500	/3	/1,25	-	/1,5	× 1,5	× 1
11 x 29 cm	320	/2	× 1,25	× 1,5	-	× 2,5	× 1,5
24 x 32 cm	770	/4,5	/2	/1,5	/2,5	-	/1,5
23 x 23 cm	529	/3	/1,25	× 1	/1,5	× 1,5	-

Register

Thank you

Es gibt so viele Personen, die in diesem Buch eine wichtige Rolle gespielt haben. Zuerst möchte ich meiner Familie für ihre Liebe, Geduld und Bereitschaft danken, nur noch »ein weiteres Stückchen« zu probieren, obwohl klar war, dass niemand auch nur noch einen Krümel essen konnte! Ich bin ebenso ewig dankbar für die Frauen in meiner Familie – ihre Erinnerungen und Integrität leben in meiner Arbeit weiter. Ich möchte auch Silva Eddicks danken, deren unermüdlich hohe Standards das Ganze zu einem besseren Buch und mich zu einer besseren Autorin gemacht haben. Dem ganzen Team von DK danke ich für die tolle Zusammenarbeit und ganz besonders Monika Schlitzer, Caren Hummel, Sarah Fischer, Kathrin Gritschneder und Petra Teetz, die ebenfalls eine sehr große Rolle bei der Entwicklung, Ausgestaltung und Umsetzung dieses Buches gespielt haben. Danke an Max Faber, den besten Foodstylisten, den eine Frau sich nur wünschen kann – mit einem fantastischen Sinn für Humor. Und ein großes Dankeschön an Nicky Walsh, die es geschafft hat, dass sowohl meine Kuchen als auch ich immer vorzüglich auf den Fotos aussehen. Danke auch an Judith Vogel von Care Concept, die mir für die Fotos ein wahres Strahlen ins Gesicht zauberte. Ich danke ebenso Celina Wagner und Katharina Ebert für Ihren Einsatz. Und – last but not least – möchte ich meiner pelzigen Freundin Lemony danken. Ihre Wärme und Liebe haben mich durch viele anspruchsvolle Rezepte gebracht.

Cynthia Barcomi

Über die Autorin

CYNTHIA BARCOMI stand schon als Kind auf Gebäck. Ihre Leidenschaft machte die gebürtige Amerikanerin zum Beruf. Sie brachte mehrere Koch- und Backbücher heraus, führte die Bestsellerlisten an, tritt regelmäßig im TV auf und gehört damit zu den angesehensten Bäckerinnen Deutschlands. In ihrer Wahlheimat Berlin führt die Backbuch-Autorin zwei Kultläden – eine Kaffeerösterei in Kreuzberg und ein Deli in Berlin-Mitte – mit Leckereien im typischen Barcomi-Style. Seit 2009 hat sie ihre eigene Kitchenware-Linie (www.barcomis.de).

www.cynthiabarcomi.com

DK | Penguin Random House

REZEPTE UND TEXTE Cynthia Barcomi
PRODUKTIONSLEITUNG Silva Eddicks
ÜBERSETZUNG Silva Eddicks
FOTOGRAFIE Nicola Walsh
FOODSTYLING Max Faber
LEKTORAT Kathrin Gritschneder, Sarah Fischer, Petra Teetz
UMSCHLAGS- UND INNENGESTALTUNG, TYPOGRAFIE, REALISATION Anna Schlecker
Für den DK Verlag:
PROGRAMMLEITUNG Monika Schlitzer
REDAKTIONSLEITUNG Caren Hummel
PROJEKTBETREUUNG Sarah Fischer
HERSTELLUNGSLEITUNG Dorothee Whittaker
HERSTELLUNGSKOORDINATION Arnika Marx
HERSTELLUNG Claudia Bürgers

ISBN 978-3-8310-3306-5

REPRO Farbsatz, Neuried/München
DRUCK UND BINDUNG Leo Paper Products, China

www.dk-verlag.de

Der Verlag dankt Care Concept GmbH für die freundliche Unterstützung von Make-up & Styling beim Fotoshooting.

HINWEIS

Die Informationen und Ratschläge in diesem Buch sind von der Autorin und vom Verlag sorgfältig erwogen und geprüft, dennoch kann eine Garantie nicht übernommen werden. Eine Haftung der Autorin bzw. des Verlags und seiner Beauftragten für Personen-, Sach- und Vermögensschäden ist ausgeschlossen.

BILDNACHWEIS

Der Verlag möchte den folgenden Agenturen für die freundliche Genehmigung zur Verwendung ihrer Illustrationen danken:

(Erklärung: o-oben; u-unten; l-links, r-rechts)

123RF.com: Ivan Baranov / ivanbaranov 173; khanisorn chalermchan / kaisorn 247u; Jiri Prihoda / mawrhis 243; sirichoke 3u (Schneebesen), 7, 9, 14, 19, 46, 47, 54, 58, 60, 61, 103,104, 120, 131, 170, 171, 234, 235, 240, 242 (Illustrationen Teig / Brot / Geräte); Oksana Telesheva / ksuksu 24, 29, 30, 33, 36, 43, 44, 46, 47, 54, 56, 58, 60, 61, 68, 70, 72, 76, 81, 88, 90, 92, 93, 94, 105, 106, 107, 108, 110, 120, 123, 129, 134, 136, 139, 142, 147, 148, 164, 171, 184, 188, 199, 200, 205, 207, 217, 223, 224, 227, 228, 229, 233, 234, 235, 240, 241, 244, 245, 248, 249, 250 (farbige Buttons); vasilevki 60 & 61ul (Kekssymbol); yupiramos 65, 66, 90, 92, 94, 215, 217, 223, 224, 228, 229, 239, 245 (Kuchensymbole); **iStockphoto.com:** mariart_i 246.

Umschlag: vorne: **123RF.com:** sirichoke (Schneebesen)

Alle anderen Fotos © Dorling Kindersley
Für mehr Information siehe: www.dkimages.com

FSC www.fsc.org MIX Papier aus verantwortungsvollen Quellen FSC® C020056